FORMATIVE ASSESSMENT AND STANDARDS-BASED GRADING

设计有效的教学评价与评分系统

[美] 罗伯特 · J. 马扎诺 Robert J. Marzano 著　　段文静 任海涛 译

中国青年出版社

图书在版编目（CIP）数据

设计有效的教学评价与评分系统 /（美）罗伯特 · J. 马扎诺著；段文静，任海涛译.
—北京：中国青年出版社，2024.4
书名原文：Formative Assessment and Standards–Based Grading
ISBN 978–7–5153–7248–8

Ⅰ. ①设… Ⅱ. ①罗… ②段… ③任… Ⅲ. ①教育评估—系统设计 Ⅳ. ①G40–058.1

中国国家版本馆CIP数据核字（2024）第072109号

设计有效的教学评价与评分系统

作　　者：［美］罗伯特 · J. 马扎诺
译　　者：段文静　任海涛
责任编辑：肖妩嫔
文字编辑：黄　婧
美术编辑：杜雨萃
出　　版：中国青年出版社
发　　行：北京中青文文化传媒有限公司
电　　话：010–65511272 / 65516873
公司网址：www.cyb.com.cn
购书网址：zqwts.tmall.com
印　　刷：大厂回族自治县益利印刷有限公司
版　　次：2024年4月第1版
印　　次：2024年4月第1次印刷
开　　本：787mm × 1092mm　　1/16
字　　数：95千字
印　　张：12.5
京权图字：01–2022–6155
书　　号：ISBN 978–7–5153–7248–8
定　　价：49.90元

CONTENTS

目录

INTRODUCTION

前言

《设计有效的教学评价与评分系统》是课堂策略系列（The Classroom Strategies Series）中的第二本书。本丛书的目的是为教师以及行政和学区管理人员提供全面深入的解决方案，即基于研究的教学策略。这些策略可以在课堂上使用，来提高学生的成绩。本丛书探讨的许多策略已在其他著作中有所涉及，如《教学的艺术与科学：有效教学的综合框架》（*The Art and Science of Teaching: A Comprehensive Framework for Effective Instruction*）、《有效的课堂评价和评分》（*Classroom Assessment and Grading That Work*）以及《有效的课堂教学》（*Classroom Instruction That Works*）。这些著作用一章或一章中的一部分来讨论某些策略，课堂策略系列却用了一整本书来讨论一个教学策略或一组相关的策略。

设计有效的教学评价对任何教师都至关重要。为了对一个学生或整个班级在任何特定时间点的状况做出判断，教师需要尽可能多获取关于个别学生进步或整个班级进步的准确数据，以确定他们下一个教学步骤。尽管这听起来可能很简单，但设计评价、有目的地使用评价，并将评价纳入一个整体评分系统，所有这些需要远见卓识和付诸实践。本书澄清了对形成性评价以及如何在整体评分方案中使用形成性评价的误解。

我们在第1章回顾关于形成性评价、教学反馈和评分的研究和理论。这一章虽然简短但涵盖范围广泛。尽管你可能会跳过这一章，直接阅读那些为课堂实践提供建议的章节，但因为它是整本书的基础，所以强烈建议你仔细阅读这些研究和理论。事实上，本书以及课堂策略系列中的其他书籍都有一个根本目的，就是展示最有用的教学策略，而这些策略都基于目前最有说服力的研究和理论。

因为研究和理论只能为课堂实践提供一个总体方向，本书（以及系列中的每一本书）更进一步将研究转化为课堂应用。具体而言，它澄清了对形成性评价的误解，提供了基于形成性方法的课堂评价策略，并深入讨论了这些策略如何带来小范围和大范围内的整体评分系统的变化。然而，值得注意的是，教师个人、学校和学区必须进行必要的调整，以满足学生的独特需求。

HOW TO USE THIS BOOK

如何使用本书

本书可以用作自学用书，使你深入了解如何设计和解释评价，并利用这些评价来设计有意义的评分。随着各个章节的内容展开，会有相应的练习。完成这些练习，并将你的答案与本书后面的答案进行比较，这一点非常重要。这样的互动一方面是对内容的回顾；另一方面使你可以检查自己对内容的理解程度。

希望深入研究评价和评分主题的教师团队或全体教员，也可以使用这本书。在这种情况下，教师团队应该独立完成练习，然后在小组和大组中比较他们的答案。

Chapter 1

第1章　研究与理论

评价和评分是K–12教育中谈论最多且时常被误解的两个方面。本书力求在一定程度上阐明一种特定类型的评价——形成性评价，并通过一些建议来探索其如何与传统和非传统评分实践相互作用。在本章中，我们回顾了支持这些建议的研究和理论。我们首先讨论反馈，评价和评分的根本原因都是反馈。

反馈

反馈及其对学生成绩的影响是研究者和实践者非常感兴趣的话题。事实上，关于两者之间关系的研究相当丰富，并且跨越了大约三十年。为了给反馈下一个操作性定义，研究者约翰·哈蒂解释说，反馈的目的是缩小当前的理解和表现与目标之间的差异。研究员瓦莱丽·舒特说，反馈是传达给学习者的信息，旨在改变他或她的思维或行为，以改善学习。

反馈可以是正式的，也可以是非正式的，可以小组为单位或者一对一沟通。它可以采取多种形式。正如前面的定义所言，反馈最重要的和最主要的特征是，它告诉学生和教师如何最大限度地促进学生的学习。

表1.1列出了各种关于反馈的研究结果。第一栏列出了自1976年以来进行的主要研究。最后三列是相互关联的。元分析（meta-analysis）和效应值（effect size）的概念是准确理解它们之间关系的关键。附录B在一定程度上解释了元分析和效应值概念。简而言之，元分析是一种对同一主题的一系列研究进行定量综合的研究技术。例如，如表1.1所示，表中综合了607项关于反馈干预效果的研究结果。通常，元分析研究以平均效应值的形式报告研究结果（见表1.1中的效应值栏）。效应值可以表示出，接触到特定策略（在本研究中，反馈）的一组学生的平均分数比未接触到特定策略（在本研究中，没有反馈）的一组学生的平均分数大（或小）多少标准差。简而言之，效应值告诉你某个策略的有效程度；效应值越大，该策略越能促进学生的学习。

表1.1 关于反馈的研究结果

综合研究	研究重点	效应值数量	平均效应值	百分位增益
布鲁姆，1976	反馈的综合效应	8	1.47	43
莱萨科夫斯基，1981	反馈的综合效应	39	1.15	37
莱萨科夫斯基，1982	反馈的综合效应	94	0.97	33
米勒，1983	科学领域的诊断式反馈	49	0.55	21
穆因，1986	反馈的综合效应	未报告	0.29	11
哈勒，1988	反馈的综合效应	115	0.71	26
戈尔德林，1989	反馈的综合效应	16	0.66	25
班戈，1991	反馈的综合效应	58	0.26	10
库玛尔，1991	反馈的综合效应	5	1.35	41

续表

综合研究	研究重点	效应值数量	平均效应值	百分位增益
阿塞维多，1995	基于计算机的教学中的即时反馈	22	0.80	29
克鲁格，1996	反馈干预的效果	607	0.41	16
沃尔伯格，1999	反馈的综合效应	20	0.94	33
哈蒂，1999	反馈的综合效应	5,755	0.95	33
海斯，2005	反馈的综合效应	19	0.55	21

效应值通常是小数字。然而，小的效应值可以转化为大的百分位增益。例如，克鲁格（1996）计算的平均效应值为0.41，转换为16个百分位增益（关于效应值的详细描述和将效应值数字转换为百分位增益的图表，见附录B）。换句话说，在没有提供反馈的班级中，如果给处于第50百分位的学生（该班级中的中等学生）提供反馈，该生预计会上升到第66百分位。

约翰·哈蒂综合了关于反馈的最新和最全面的研究，并总结了之前12项元分析的结果，纳入了196项研究和6972项效应值。他们计算出反馈的总体平均效应值为0.79（相当于29个百分位增益），这是普通教育创新平均效应值的两倍。斯图尔特·叶的一项研究显示，收到反馈的学生比没有收到反馈的学生，学习的准确率和完成率更高。此外，当收到反馈的学生不再收到反馈时，学习的准确率和完成率都会下降。

有趣的是，尽管有相当有力的证据证明反馈的有效性，但其有效性也有很大的差异。例如，克鲁格（1996）在对600多项实验研究的分析中发现，在他们调查的研究中，反馈对学生的成绩有负面影响的占38%。这就提出了一个至关重要的问题：对学生成绩产生积极影响的反馈和对学生成绩产生消极影响的反馈分别具备什么特征？在回答这个问题的部分答案中，克鲁格发现负面反馈的效应值为-0.14。这意味着学生成绩预计会下降6个百分点。一般来说，不能使学生知道如何能变得更好的反馈是负面反馈。

根据约翰·哈蒂的计算，如果反馈包含的以任务为中心的信息很少，则效应值较小（惩罚=0.20，表扬=0.14）；侧重于信息的反馈（线索=1.10，强化=0.94），效应值较大。他们认为，关于任务、过程和自我监管的反馈往往是有效的，而关于自我的反馈（通常是表扬）往往不会提高学习和成绩。从操作上来说，这意味着，如果给学生的反馈是关于任务进展如何（任务）、他们用来完成任务的过程（过程）或学生自我行为管理得如何（自我监管），那么这些反馈通常是有效的。但如果反馈仅涉及诸如“你做得很好”这样的陈述，那么反馈对学生成绩几乎没有影响。约翰·哈蒂的最终结论是：

> 学生有共同的、具有挑战性的学习目标，采取自我评价策略，制定错误检测程序并提高自我效能感，这样就可以加强学习，处理更具挑战性的任务，从而掌握和理解课程。

评价

在K-12课堂中，最常见的反馈形式是评价。虽然关于反馈和评价的研究和理论在很大程度上是重叠的，但在本节中，我们考虑的是专门针对评价的研究和理论。

关于评价的研究

关于评价对学生学习影响的研究显示出评价的积极作用。表1.2综合了约翰·哈蒂关于评价效果的大量元分析研究，可以说明这一点。

表1.2　哈蒂（2009）的评价元分析研究

综合研究	研究重点	效应值数量	平均效应值	百分位增益
库利克，1984	评价频率	19	0.42	16
福克斯，1986		34	0.28	11
库利克，1991		35	0.23	9
戈克门，2003		233	0.40	16
金，2005[a]		644 622	0.39 0.39	15 15
李，2006		55	0.36	14
海斯克·内希特，2007		107	0.26	10
门格斯，1986	评价的综合效应	31	0.44	17
库利克，1991		58	0.26	10
特拉夫罗斯，1995		17	0.71	26
纽伯特，1998		16	0.63	24
斯万森，2001		170	1.12	37
威特，2006		81	1.15	37
福克斯，1986	向教师提供评价反馈	21	0.70	26
伯恩斯，2002		57	1.10	36

[a]由于变量差异，此处列出了两种效应值。

请注意，表1.2被细分为三个类别：评价频率，评价的综合效应，以及向教师提供评价反馈。第一个类别探讨评价频率。一般来说，相对频繁的评价比不频繁的评价更能提高学生的成绩。

值得注意的是，在表1.3中，在15周的时间内，即使只有一次评价，其效果也是显著的（0.34）。此外，随着评价数量的增加，效果也越来越显著。该趋势不应被误解为：教师给学生的考试越多，学生取得的成绩就越好。

正如在随后的章节中我们可以看到的，测试只是获得评价数据的众多方法之一。

表1.3　15周内与评价次数相关的成绩增益

评价次数	效应值	百分位增益
0	0	0
1	0.34	13.5
5	0.53	20
10	0.60	22.5
15	0.66	24.5
20	0.71	26
25	0.78	28.5
30	0.82	29

表1.2中的第二个类别为评价的综合效应，其范围最广，包含了有关评价的各种观点。同样，这些研究的许多具体发现体现在后续章节的建议中。值得注意的是，总体而言，这些研究证明了这样一个事实，即正确进行评价是促进学生学习的有效工具。

表1.2中的第三个类别是向教师提供评价反馈。福克斯（1986）发现，向教师提供展示学生进步情况的图示对应0.70的效应值，这相当于26个百分位的增益。这与“马扎诺研究中心”（Marzano Resources）进行的一系列研究非常一致，在马扎诺的研究中，教师让学生绘制他们在特定学习目标上的进展图。结果如表1.4所示。

表1.4 关于学生跟踪自己进步的研究

研究	效应值	百分位增益
1	2.44	49
2	3.66	49
3	1.50	43
4	-0.39	-15
5	0.75	27
6	1.00	34
7	0.07	3
8	1.68	45
9	0.07	3
10	1.20	38
11	-0.32	-13
12	0.43	17
13	0.84	30
14	0.63	24
平均值	0.92	32

表1.4报告了由K–12教师进行的14项研究的结果，这些研究是关于学生跟踪自己进步的效果。这14项研究的平均效应值是0.92，相当于32个百分位增益。从表面上看，会得出这样的结论：当学生跟踪自己的进步时，学习会得到加强。

值得注意的是，在第4项和第11项研究中，学生跟踪自己的进步对学生的成绩有负面影响（由负效应值表示）。与所有评价（和指导）策略一样，这种学生跟踪自己进步的策略，并不是在所有情况下都同样有效。有效的评价需要确定使用策略的正确方式。在接下来的章节中，我们会就跟踪学生进步的正确方法提出建议。

形成性评价

形成性评价在过去的十年里受到很多关注。它与总结性评价的典型区别在于：总结性评价（summative assessments）在一门课的教学结束时使用，而形成性评价（formative assessments）在教学进行的过程中使用。正如苏珊·布鲁克哈特所解释的，形成性评价是指收集和报告用于知识和技能发展的信息，总结性评价是指收集和报告用于判断发展结果的信息。

在保罗·布莱克（Paul Black）和迪伦·威廉（Dylan William）总结了250多项关于形成性评价的研究结果后，形成性评价开始被大量应用。他们发现这些研究中的效应值在0.4到0.7之间，并得出以下结论：

> 本报告的研究明确显示，形成性评价确实能提高学习成绩。成绩的提高似乎相当显著，而且如前所述，是有史以来各种教育干预措施中，最能提高成绩的措施之一。为了说明成绩到底提高了多少，如果可以在美国范围内实现0.7的效应值，就相当于将英国、新西兰或美国等国家“位于中游”的数学成绩提高到世界“前五名”，仅次于新加坡、韩国、日本等环太平洋国家。

实际上，布莱克和威廉表示，如果整个国家保持0.7的效应值（他们总结的研究中报告的最大效应值），将极大地提高学生的成绩。事实上，参考附录B中的表格，我们看到0.7的效应值对应学生成绩增加26个百分点。这些发现的报告引起了美国教育工作者的注意。

人们有时将布莱克和威廉的研究称为对大约250项形成性评价研究的元分析。如本书附录B所述，元分析是对特定领域研究的定量综合分析。当进行元分析时，研究人员力图通过调查所有现有研究来计算某一特定创新（此处为形成性评价）的平均效应值。虽然布莱克和威廉确实对他们调查的研究进行了严谨的分析，但他们并没有进行传统的元分析。事实上，在他们题为“不要元分析”的文章中，他们解释说，“对这类研究进行回顾，尝试对已报告的定量研究进行元分析，似乎是可取的，也可能被认为是常规的”。然而，他们继续指出，他们调查的250项研究差异太大，无法计算平均效应值。

在考虑将形成性评价用于实践时，必须牢记两件事。一是，根据定义，形成性评价与课堂上正式和非正式的教学过程密切相关。换言之，使用由测试者设计的“现成”形成性评价并不是这里所说的教学过程中的形成性评价。詹姆斯·波帕姆严厉批评了盲目使用市场上的形成性评价。他指出：

> 随着教师们逐渐了解布莱克和威廉得出的结论，突然之间，测试出版商开始将他们的许多测试重新贴上“形成性”的标签。越来越多的教育者认为形成性评价可以提高学生的考试成绩，还能帮助学校规避许多针对他们的问责。在这种观念刺激下，产生了更换名字的销售策略。

套用詹姆斯·波帕姆的话，外部开发的评价根本不符合形成性评价的典型特征。洛里·谢泼德提出了同样的观点：

> 紧密植根于课堂教学过程，以研究为基础的形成性评价的概念，已经被以获利为目的的测试出版商接管或者说“劫持”。同时，形成性评价反而被用来指代那些形式化的测试系统，称为“基准测评”或“阶段性评价系统”。

因经常违反真正的形成性评价的许多基本假设，许多学区制定的“基准”评价可能会招致类似的批评。正如詹姆斯·麦克米伦所解释的：

> 这些测试通常由学区或以获利为目的的测试出版商提供，定期进行，将学生的成绩与“基准”进行比较。这些“基准”衡量学生的表现，表明学生应该在年终重大测试中达到哪些要求……
>
> 尽管在商业测试市场中，基准评价（benchmark）这个术语经常与形成性评价互换使用，但两者有重要的区别。基准评价是形式化、结构化的测试，它通常无法提供适当的教学纠正措施所需的细节。

二是，尽管研究者普遍认为，形成性评价作为工具能够提高学生的成绩，但是形成性评价的详细规范尚未形成。事实上，大多数形成性评价的描述实质上都是泛泛而谈。例如，布莱克和威廉在他们原创性的研究中指出，“形成性评价没有严格的定义和广泛接受的含义”。迪伦·威廉和西奥本·莱希对形成性评价的描述如下：

> 限定词“形成性”不是指评价，甚至不是指评价的目的，而是指评价实际服务的功能。如果来自评价的信息被反馈回系统，并且实际上在某种程度上被用来改进系统的业绩表现（即评价形成改进的方向），那么这种评价就是形成性的。

根据朱迪斯·阿尔特等人的描述，形成性评价是为了学习的评价，而不是对学习的评价：

> 为了学习的评价在学习过程中进行。这是我们在整个教学和学习过程中进行的评价，目的是诊断学生的需求，规划我们的下一步教学，为学生提供可以用来提高他们学习质量的反馈，并帮助学生看到和感觉到他们把控着自己通往成功之路。这不是问责，而是通过评价来学习。这是为了变得更好。

苏珊·布鲁克哈特解释说，形成性评价是一个循环：学生和教师专注于一个学习目标，根据目标评价当前学生的学习，采取行动使学习更接近目标，然后周而复始。

除了这些一般性的描述，研究人员还提供了关于形成性评价实践的一些详情。遗憾的是，在具体做法上没有形成明确的普遍认可的模式。例如，一些倡导者强调不应该记录形成性评价，而其他人认为应该记录。一些人主张，在设计成绩方案时不应考虑形成性评价；而另一些人则认为，在确定学生真实的最终学业状态时，形成性评价应该占有一席之地。在很大程度上，本书的目的是，针对形成性评价实践，系统地阐述一套精心设计的具体做法。

学习进阶和明确的目标

学习进阶已经成为形成性评价领域的一个突出的焦点。玛格丽特解释了学习进阶与形成性评价之间的联系，如下所示：

> 形成性评价的目的是在学习过程中向教师和学生提供反馈，了解学生当前表现和期望表现之间的差距，以便采取措施缩小差距。为了有效地做到这一点，教师需要明白在任何特定知识领域学习是如何连续发展的，以便他们能够断定学生当前的学习状态，并决定采取教学行动来推动学生的学习。那些清晰阐明某一领域的学习进程的学习进阶表，可以提供学习内容的全貌，为教学规划提供支撑，并成为形成性评价的检验标准。

有些人可能会认为，美国许多州和国家标准的文件中已经阐明了学习进阶，事实并非如此。此外，玛格丽特指出：

然而，尽管各种标准和课程指引种类繁多，许多教师仍不清楚特定领域的学习进程。这非常不利于教学和学习，尤其影响教师进行形成性评价的能力。

美国州和国家的标准并不能准确地代表学习进阶，因为它们的设计没有考虑到学习进阶。为了说明这一点，请思考以下华盛顿州三年级数学标准：

学生将能够把10,000以内的整数四舍五入到最接近的十位数、百位数和千位数。

这个示例提供了一个相当明确的目标，即学生到三年级应该知道什么。但对于实现该目标所需的基本构成要件，它没有提供任何指导。与此相反，乔安·赫尔曼详细描述了浮力概念的学习进阶的特点。对这个概念，他们确定了以下理解层次（从最高到最低）：

- 学生知道漂浮的条件是：密度<介质。
- 学生知道漂浮的条件是：密度小。
- 学生知道漂浮的条件是：质量小，且体积大。
- 学生知道漂浮的条件是：质量小，或者体积大。
- 学生知道漂浮的条件是：体积、重量或数量小，或者漂浮体由特殊材质制成。
- 学生知道漂浮的条件是：质量小。
- 学生认为漂浮的条件是：扁平、中空、充满空气或有孔。

显然，如果能够像这样清晰地阐述知识和技能的顺序，就可以更容易地向学生提供反馈，告诉他们在特定的学习目标上，他们当前的状态，以及他们必须做些什么才能取得进步。

虽然有人可能会认为关于学习进阶的研究相对较新，因此相应地未经检验，但它与课程设计的一个成熟且经过大量研究的领域——学习目标有关。人们可能会认为学习进阶是一系列相关的学习目标，这些目标积累起来，最终达到一个更加复杂的学习目标。学习进阶也可以用来跟踪学生的进步。关于学习目标的研究相当广泛，表1.5中报告了一些比较突出的研究。

表1.5　确立学习目标的研究结果

综合研究	研究重点	效应值数量	平均效应值	百分位增益
怀斯，1983*	设定目标的综合效应	3 25	1.37 0.48	41 18
格里斯比，1984	目标难度	21	0.44	17
图布斯，1986	目标难度 目标具体性 目标设定和反馈 目标设定的参与度	56 48 3 17	0.82 0.50 0.56 0.002	29 19 21 0
卡伦，1987	目标难度	118	0.58	22
伍德，1987	目标难度 目标具体性	72 53	0.58 0.43	22 17
洛克，1990	目标难度 目标具体性	未报告	0.52—0.82 0.42—0.80	20—29 16—29
莱特，1990	目标难度	70	0.55	21
利普西，1993	设定目标的综合效应	204	0.55	21
克鲁格，1996	目标难度	37	0.51	19
沃尔伯格，1999	设定目标的综合效应	21	0.40	16
伯恩斯，2004	挑战程度	45	0.82	29
希兰，2006	目标意向对成绩的影响	94	0.72	26
佩林，2007	目标具体性	5	0.70	26

*由于报告效应值的方式，列出了两种效应值。

仔细考察表1.5中列出的研究，可以归纳出若干关于学习目标的有益结论，进而可以推断出关于学习进阶的有益结论。第一，设定目标本身似乎对学生的成绩有显著影响。表1.5中报告了关于目标设定的综合效应，其效应值非常可观，证明设定目标对学生的成绩影响显著。例如，凯文·怀斯（1983）报告的效应值为1.37，马克·利普西（1993）报告的效应值为0.55，赫伯特·沃尔伯格（1999）报告的效应值为0.40。第二，具体目标比总体目标更具影响力。证据是马克·图布斯（1986）报告的效应值0.50，这与设定具体目标而不是总体目标相关。根据埃德温·洛克（1990）的报告，具体目标与总体目标相比较，效应值范围为0.42至0.80。多洛斯·佩林（2007）报告的效应值为0.70（将效应值转换为百分位增益，见附录B）。第三，目标必须有适当的难度，以便对学生的成绩产生最大的影响。马克·图布斯（1986）、罗纳德·卡伦（1987）、埃德温·洛克（1990）以及马修·伯恩斯（2004）报告的研究结果证明了这一点。具体来说，目标必须具有足够的挑战性，以引起学生的兴趣，但又不应该太难，太难会让他们感到沮丧。

评价并不精确

在讨论形成性评价或其他评价时，必须牢记一个事实，即所有评价在某种程度上都是不精确的。经典测试理论中的一个基本公式明确表达了这一点，这个公式可以表示为：观察分数=真实分数+错误分数。

马扎诺解释说：

> 该公式表明学生在评价中的观察分数（教师评定的最终分数）由两部分组成，即学生的真实分数和学生的错误分数。学生的真实分数代表了学生对被测主题的真实理解水平或技能。错误分数是观察分数

的一部分，它是由学生的理解水平或技能之外的因素造成的。

用术语来说，在每次评价中给学生评定的每个分数都可能包含一些错误。为了说明解释评价分数时出现错误的后果，请参考表1.6。

表1.6 不同信度评价“真实分数”的可能区间

评价的信度	学生在评价中获得的分数	最低可能真实分数	最高可能真实分数	区间
0.85	70	60	80	20
0.75	70	58	82	24
0.65	70	56	84	28
0.55	70	54	86	32
0.45	70	52	88	36

注：95%的置信区间基于假设标准差是12分。

表1.6显示了当评价的信度区间为0.85到0.45时，70分的误差量的预期值。在所有案例中，都假定学生在评价中获得了70分。也就是学生的观察分数是70。

当评价的信度为0.85时，让我们考虑观察分数70的精确度。这是标准化测试或州级测试的典型信度。使用统计公式，可以计算出一个分数区间，有95%的概率真实分数会落在这个分数区间内。表1.6的第三、第四和第五栏报告了这个区间。在表1.6的第一行中，我们看到，对于一个信度为0.85，观察分数为70的评价，我们有95%的把握认为学生的真实分数在60分和80分之间。也就是说，学生的真实分数可能低至60分，也可能高达80分，尽管他或她得到了70分。这是一个20分的区间。但这是假设评价信度是0.85，这也是你可以期待的州级测试或标准化测试的信度。

接下来，让我们考虑课堂评价区间。为此，参考表1.6的第二行，它与0.75的信度有关。这可能是你从教师、学校或学区设计的评价中所能期望的最高信度。现在最低分是58分，最高分是82分——相差24分。为了了解表1.6中所示信息的全部影响，请看最后一行，该行描述了当信度为0.45时可能的真实分数区间。事实上，这种信度可能更符合你对教师设计的课堂评价的期望。最低可能的真实分数是52，最高可能的真实分数是88——区间是36分。

很明显，任何一项评价都不能作为学生状况的绝对指标。格雷戈里·西泽克在他对中西部一个大州的州测试数学部分的讨论中，对评价的准确性提出了一个观点。他解释说，该州四年级数学部分的总分信度为0.87——这当然是一个可接受的信度水平。该测试还报告了学生在数学子领域的分数，根据国家数学教师委员会（National Council of Teachers of Mathematics）的分类，数学子领域有：代数、数据分析和概率、估算和心算、几何和解题策略。不幸的是，这些子领域分数的信度从0.33到0.57不等。如表1.6所示，如此低的信度意味着最低可能的真实分数与最高可能的真实分数之间的跨度很大。

评价不精确有多种形式。这可能是由于考试中的题目设计不尽如人意，也可能是由于学生在考试时不够专心或不够努力。不精确也可能是教师对评价的不同解读造成的。赫尔曼和乔伊所做的一项研究提出了两个问题：教师对学生学习的判断有多准确？教师判断的准确性与学生表现有何关系？他们发现，教师对学生的学习状态了解越准确，越能促进学生后续的科目学习。遗憾的是，他们发现教师判断的“平均准确率低于50%”。乔安·赫尔曼等人补充说，如果不能准确分析或者正确推断学生的学习状态，可能导致接下来教学步骤的失误。他们的结论是，与其他任务（例如，评价学生的反应）相比，使用评价信息来计划后续教学，往往是教师最困难的任务。

在解释评价分数或根据评价对学生做出判断时，一个非常重要的考虑因素是学生的母语。香农·马德森等人考察了高中生物课进行的成绩评价。

他们将研究重点放在英语学习者身上，指出对于英语非母语的学生而言，内容评价对语言的要求可能会在测试过程中引入与需要掌握的知识无关的因素。具体来说，他们发现，英语掌握得更好的学生在考试中表现会更好，尽管他们可能对科学内容并没有更好地理解。同样的概念适用于针对内容的科目的标准化测试。他们指出，内容评价的语言要求对评价的有效性构成潜在威胁。

评分

在教学语境中，任何关于评价的讨论最终都会导致对评分的讨论。如书名所示，本书既注重形成性评价，也注重评分。教师不仅负责在某个时间点，通过课堂评价来评价学生的知识或技能水平，还负责将评价获得的所有信息转化为对学生在某个固定时间段（通常是一个季度、三个月或一个学期）的表现的总体评价。这种总体评价以某种形式的总评成绩的形式呈现，通常称为“综合成绩”（omnibus grade）。不幸的是，评分使评价过程又平添了一层新的错误。

布鲁克哈特讨论了与评分相关的困难：

> 评分同时用于三个目的：排名（区分有资格接受高等教育的学生和没有资格接受高等教育的学生）；报告结果（向家长说明学生学习规

定课程的程度）；以及促进学习（提供反馈和激励学生）。

虽然这三个目的都有确实的根据，但它们提供了截然不同的视角来考察学生的成绩。由于各个学校和学区的教师没有统一的评分理念，他们不得不设计自己的评分系统。举例来说，托马斯·格斯基列出了以下经常出现在教师评分实践中的要素：

- 重大考试或大作文
- 课堂测验
- 报告或项目
- 学生作品集
- 学生作品展览
- 实验室项目
- 学生的笔记或日志
- 课堂观察
- 口头陈述
- 完成家庭作业情况
- 家庭作业质量
- 课堂参与度
- 学习习惯和严整性
- 努力程度
- 出勤
- 准时完成作业
- 课堂行为或态度
- 取得的进步

他指出，由于理念不同，不同的教师选取这些要素的不同组合来构成一个总评成绩。例如，一位教师可能在他或她的评分方案中包括重大考试、课堂测验、课堂参与度和准时完成作业，而另一位教完全相同课程的教师可能在评分方案中包括重大考试、报告、努力程度和出勤。因此，教同一门课程的两个不同的教师可能采用截然不同的评分方案，这也使他们的分数不具可比性。实际上，每个教师的评分只有置于他或她自己设计的评分方案中，才能得到解释。

常模参照评分

多年来一直使用的一种评分方法是报告学生相对于彼此的表现水平。这可以称为常模参照评分（norm-referenced grading）。肯尼斯·哈珀斯托尔在他的博士论文中指出，常模参照评分可能推动了19世纪中期所谓的“分级制度”。根据该制度，学生按照知识和技能水平以及年龄分组，以便教师可以向这些同质群体提供更有针对性的教学。他解释说，甚至早在那个时候，詹姆斯·鲍德温（James Baldwin）就发现了该系统的问题。詹姆斯·鲍德温指出，关于学生如何“分级”或由谁“分级”的标准还没有建立起来。“分级”的决定是主观的，可能由教育厅长、教学秘书或教育委员会成员当中的任何人来做出。

当前正在使用的评分方案，即使有，也很少使用严格的常模参照评分。但在班级排名法和曲线评分法的实践中仍可找到常模参照评分的痕迹。

班级排名法

班级排名法与常模参照评分的概念相关。哈珀斯托尔指出，由于各学区采用不同的衡量标准，包括竞争大学先修班名额的成绩，特殊教育班的加分，以及不及格课程的学分补修，学校似乎没有标准的方法来证明哪些学生成绩优异。

劳伦斯·克罗斯和罗伯特·弗拉瑞指出，虽然初中和高中阶段的评分方案是个态度、努力程度和成绩的大杂烩，但是许多大学似乎只根据绩点和班级排名来录取学生。许多学院的招生政策使班级排名的竞争更加激烈。举例来说，加利福尼亚、佛罗里达和得克萨斯等州都保证州立大学录取每个毕业班排名前百分之几的学生，这就使班级排名成为关系重大利益的事情，特别是对于那些排名太低而不能保证进入州立大学的学生。

曲线评分法

当教师用曲线评分法评分时，他或她会给在评价中表现最好的学生打最高分，然后依据这个标准，对其他学生的表现进行相应的排名，来给他们打分。这个评分体系实质上是对照学生的表现来给他们打分。因此，它的基础是常模参照。曲线评分法的支持者认为这种方法公平合理，因为大多数班级在任何特定学科领域的成绩都是正态分布的。

然而，托马斯·格斯基坚持认为曲线评分法并不能表明学生已经学到了什么或能够做什么。它不是告诉教师一个学生学到了什么，而只是报告他或她相对于他或她的同学学到了多么多或者多么少。他还援引本杰明·布鲁姆的研究并指出，如果教师的教学水平突出，学生的成绩不一定呈现正态分布。因此，仅仅对照学生之间的表现来给他们打分，可以提供学生在班级中的排名信息，但不能说明学生的学业成就。

自我参照评分

自我参照评分与个人过去的表现有关。支持者说，它可能会减少课堂上的竞争，有助于激励学生。直观来看，这种评分似乎很有道理：每个学生的参考点是他或她的个人成长和参与学习的积极程度。但布鲁克哈特指出，这种形式的评分往往主要用于能力低的学生。尽管强调诸如努力、行为、态度和参与度等因素似乎有积极意义，但强调这些因素也正是这种评分形式受到诟病的原因之一。将非学业能力与学业能力混为一谈会损害分数的意义。

基于标准的评分

将学生成绩与每个学科领域的特定主题联系起来的评分越来越受欢迎，这叫作基于标准的评分。许多人认为这是最合理的评分方法。然而，尽管人们对这种评分方式很感兴趣，但它的典型特征仍然相当混乱，很多实践也不尽如人意。

正如马扎诺所述，基于标准的评分起源于绩效标准（performance standards）的概念。这个术语因1993年的一份报告而被大家熟知，该报告俗称马尔孔报告，因为报告规划小组主席是雪莉·M. 马尔孔（Shirley M. Malcom）。该报告将“绩效标准”定义为“多好才算够好”。从那时起，流行的做法是用四个等级来定义学生的表现：优秀、良好、合格和不合格。该分级方案是以美国“国家教育进步评价”[①]（National Assessment Educational Progrss，NAEP）的工作为基础。正如波帕姆指出的：

> 越来越多的美国教育工作者正在按照“国家教育进步评价”中的描述性类别来制定成绩标准，这是一种在联邦政府支持下定期进行的评价。“国家教育进步评价”的结果使参与评价的州的学生的成绩能够相互比较……自1990年以来，“国家教育进步评价”的结果被描述为四个成绩等级：优秀、良好、合格和不合格。现在美国50个州大多数都使用这四个等级，或与这四个等级非常相似的表述。

基于标准的评分的实际做法需要确定我们所称的报告主题或测评主题。例如，思考以下四年级语言艺术的常见测评主题：

① 美国“国家教育进步评价”也被称为“国家成绩报告单”，是美国国内唯一长期的且具有全国代表性的教育评价体系。

表1.7　四年级语言艺术的常见测评主题

阅读	写作	听和说
单词识别和词汇	拼写	听力理解
阅读理解	语言机制和惯例	口头媒介的分析与评价
文学分析	研究和技术	口语应用
	评价和修改	

这里有十个测评主题，分为三个类别（或者部分，一些学区的叫法）：阅读、写作、听和说。在成绩报告单上，每个学生会在十个测评主题上各获得一个分数，等级为优秀、良好、合格或不合格。通常，每个测评主题都制定了描述这些等级的某种量规或量表，我们将在第3章、第5章和第6章对此进行深入讨论。

虽然该评分体系貌似一种不错的做法，但如果不在如何收集和解释评价数据方面为教师提供指导和支持——基于这些评价数据才能打出优秀、良好、合格或不合格这些等级的分数，那么基于标准的评分可能会非常不准确。事实上，在撰写本书时，还没有重要的研究（据我们所知）证明仅仅采用基于标准的方式评分就能提高学生的成绩。然而，正如前面的讨论所述，如果基于标准的评分植根于一个界限分明的形成性评价系统，学生的成绩将会受到积极的影响。

另一个困扰基于标准的评分的问题是没有区分标准参照（standards-referenced）系统和基于标准（standards-based）的系统。格兰特·维金斯（Grant Wiggins）可能是第一个强调基于标准的系统和标准参照系统之间差异的现代教育家。在基于标准的系统中，学生只有证明具备了当前水平上应该具备的能力后才能进入下一阶段的学习。在标准参照系统中，学生的学习状态是根据成绩单上每个知识和技能领域的成绩标准来评分（或评定）的。然而，即使学生没有达到每个主题的成绩标准，他或她也会进入下一个级别。因此，绝大多数声称使用基于标准的系统的学校和学区实际上使用的是标准参照系统。正如我们将在第6章中看到的，这两种系统都是可行的，但是它们背后的基本理念是完全不同的。了解基于标准的系统和标准参照系统之间的区别，有助于学校和学区设计满足其需求的评分系统。

将研究转化为课堂实践

在随后的章节中，我们用本章以及《有效的课堂评价和评分》和《学习目标和目的设计与教学》等书的研究和理论，来讨论如何在课堂上有效地实施形成性评价。我们还设计了一个评分系统，如果坚持统一使用，可以提供比传统评分系统更有效、更可靠的信息。

正如在前言中提到的，当你继续学习余下的章节时，你会看到一些练习。这些练习用来检查之前呈现的内容，其中一些练习要求你回答具体的问题。请回答这些问题，并把你的答案与书后提供的答案核对一下。还有一些练习是开放式的，要求你把所读的内容应用到实践中去。

Chapter 2

第2章　形成性评价剖析

第1章的讨论强调了人们对形成性评价及将其用于K–12课堂的兴趣和困惑。一个显而易见的问题是，为什么会有这些困惑？要回答这个问题，有必要了解形成性评价这个术语的历史。它最初用于评价领域。在美国教育研究协会1967年出版的专著系列中，迈克尔·斯凯文（Michael Scrive）指出了形成性评价和总结性评价之间的区别。前者指的是评价正在形成的项目，后者指的是评价已经发展到最终状态的项目。

在项目界，形成性评价和总结性评价之间的区别非常有意义。设想一个正在开发小学数学新课程的项目，开发者开始把他们的想法诉诸笔端，这是该项目的明确起点。在此过程中有一些检查标准，例如完成初稿，收集对该初稿的反馈，并根据反馈进行修订。最后，公布新课程并分发给学校，这是该项目的明确终点。

据波帕姆所述，本杰明·布鲁姆在1969年试图将形成性/总结性评价的区别直接移植到评价中，但很少有教育工作者有兴趣进一步研究这一观点，因为它似乎对日常的学校教育没有什么实际意义。如第1章所述，直到布莱克和威廉做了综合研究，这个想法才流行起来。当时，他们对形成性评价的定义如下：

> 形成性评价应解释成，为了提供用于反馈的信息，改进教师和/或学生所进行的教学活动和学习活动，教师和/或学生进行的所有活动。

2006年，美国州立学校校长委员会（Council of Chief State School Officer，CCSSO）尝试对形成性评价进行精确定义。据波帕姆所述，

> CCSSO评价计划的一项核心活动是创建一个专门关注形成性评价的新联盟。该联盟由希望参与该计划的州教育部门的主要人员组成。每个这样的小组都被称为州评价和学生标准合作组织（State Collaborative on Assessment and Student Standards，SCASS）。2006年年中成立了一个专门处理形成性评价的新SCASS，称为面向学生和教师的形成性评估（Formative Assessment for Students and Teachers，FAST SCASS）。

在2006年10月为期四天的首次会议上，FAST SCASS对形成性评价做出了定义，该定义反映了有效评价实践的最新研究成果。形成性评价是教师和学生在教学中使用的一个过程，它提供反馈来调整正在进行的教学和学习，以提高学生成绩，实现预期的教学结果。形成性评价的典型特征如下：

- 形成性评价是一个过程，而不是任何特定的测试。
- 不只是教师可以使用，学生也能使用。
- 形成性评价在教学过程中进行。
- 它为教师和学生提供基于评价的反馈。
- 这种反馈的功能是帮助教师和学生进行调整，提高学生实现预期课程目标的能力。

在其2008年的著作《变革性评价》（*Transformative Assessment*）中，波

帕姆再次更新了这一定义："形成性评价是一个有计划的过程，在这个过程中，教师或学生使用基于评价的证据来调整他们当前的教学和学习行为。"他还列举了以下特征：

- 形成性评价不是一种测试，而是一个过程——一个有计划的、涉及许多不同活动的过程。
- 其中一项活动是使用正式和非正式的评价，来获取关于学生状况的证据：某一学生掌握某一技能或知识体系的程度。
- 基于这一证据，教师调整他们正在进行的教学活动，或者为了尽力学会他们要学的内容，学生调整他们目前正在使用的程序。

诚然，前面的定义说明了形成性评价的一般概念，但是本书旨在更进一步，具体说明如何在课堂上实施形成性评价。

在深入剖析形成性评价之前，我们应该首先给一般课堂评价下一个实用定义。转述《有效的课堂评价和评分》一书所做的区别，我们将课堂评价定义为教师为收集学生关于特定主题的知识或技能的信息所做的任何事情。

这一定义与布莱克和威廉在1998年题为《黑匣子内部：通过课堂评价提高标准》的文章中对评价的一般描述非常一致。该书简要描述了他们综合250项形成性评价研究得出的结果。他们指出：

> 我们使用的一般术语"评价"是指教师和学生在评价自己时所采取的所有活动。这些活动提供信息，作为改进教学活动和学习活动的反馈。

有趣的是，这个定义几乎与他们提供的形成性评价的定义相同。他们提供的形成性评价的定义出现在同样发表于1998年的《评价与课堂学习》

一文中，该文对其研究结果进行了更专业的讨论。如前所述，他们对形成性评价的定义是：

> 形成性评价解释为由教师和/或他们的学生进行的所有活动，这些活动提供信息，作为改进他们从事的教学活动和学习活动的反馈。

评价的一般构成和形成性评价更具体的构成在定义上十分相似，这种相似性凸显了对它们进一步进行明确区分的必要性。对照评价使用方式来考察评价类型有助于对两者进行区分。

课堂评价的类型

教师可能在课堂上使用三种类型的评价：介入性评价（Obtrusive Assessments）、非介入性评价（Unobtrusive Assessments）和学生自主评价（Student-Generated Assessments）。课堂评价的使用方式也是多样的，包括形成性分数、总结性分数和教学反馈。每种类型的评价都可以，而且也应该在一个综合的形成性评价体系中使用。

介入性评价

介入性评价会打断课堂活动的正常流程。在介入性评价期间，没有教学活动。换句话说，在学生“接受评价”时，教学停止了（因此被称为介入性评价）。

介入性评价可以采取多种形式。最常见的形式是笔试。例如，作为一种介入性评价形式，科学教师安排一个测验来评价学生对互惠共生概念的理解，或者语言艺术教师进行包含五道题的简答题测试，旨在评价学生对阅读段落的理解。

示范和表演也可以是介入性评价的形式。例如，作为一种介入性评价形式，舞蹈教师要求学生表演他们一周内一直在练习的舞步，教篮球的体育教师要求学生演示如何正确执行罚球，或者科学教师要求学生通过设计和解释模型来演示细胞膜是如何选择性渗透的。介入性评价也可以是口头的。例如，作为一种介入性评价形式，社会学教师要求某位学生解释宪政民主的典型特征。在所有这些例子中，教学在评价发生时停止。下面的例子描述了各种主题领域的介入性评价。

语言艺术：为了评价学生撰写说服性文章的能力，教师给学生布置的任务是确定他们所选主题的主张，并用适当的事实和限制条件支持该主张。学生在课堂上开始写作业，第二天交上来。

数学：为了评价学生合理估计重量的能力，给每位学生发四个物体。他们必须考虑每个物体的重量，并使用课堂上学习的重量单位写下他们认为合理的估值。他们还必须为自己的答案写出简短的理由。下课时，学生们上交他们的评价表。

科学：为了评价学生对人体系统的了解，教师给学生一个空白的人体轮廓。学生需要在轮廓上画出心脏、肺、肝和胃的位置，并写下与每个器官有关的系统，然后简要解释该系统的主要功能。

社会学：为了评价学生对美国地理的了解，教师给学生一张空白的美国地图。学生必须在规定的时间内尽可能多地填写州名。

体育：为了评价学生高尔夫的击球能力，教师要求每个学生使用木头球杆演示高尔夫挥杆动作。在击球后，要求每个学生评价他或她自己的挥杆表现，并说出如果他或她能做到某一点，挥杆动作会更准确。在分析挥杆之后，要求学生再次演示挥杆动作，挥杆前思考他或她需要改进的地方。

艺术：为了评价学生透视画法的能力，教师向他们展示三维物体，如圆柱、棱柱和立方体。要求他们选择一件物体，并使用透视的相关元素，在规定的时间内尽可能逼真地绘制出该物体。

技术：为了评价学生使用PowerPoint的能力，教师给学生布置任务，用一个简短的PowerPoint演示文稿，向同学们展示一个自己的兴趣爱好。要求学生在课堂上开始这项任务，在家里完成项目，为第二天的课堂演示做好准备。

非介入性评价

与介入性评价相比，非介入性评价不会中断教学流程。事实上，学生甚至可能没有意识到他们正在一次非介入性评价中被评价。

程序性知识，或涉及学习技能、方法或过程的学习内容最容易采用非介入性评价。例如，一名体育教师观察到一名学生在操场上进行上手投掷，并注意到他或她的投掷动作很标准；在实验课独立操作期间，一名科学教师注意到，某位学生没有遵循正确的步骤安全地混合化学物质。这里的每一种情况都为教师提供了关于学生在特定技能、方法或过程方面的现状的信息，但在这两种情况下，学生都不知道教师已经获得了这些信息。下面的例子简要描述了在各学科领域可能使用的非介入性评价。

语言艺术：教师观察到学生在写自己创作的俳句诗。教师将此作为对学生写该种诗的能力的非介入性评价。

数学：教师观察到学生在做黑板上的除法练习习题。学生使用标准的解题步骤正确回答了试题，教师将此作为学生除法运算能力的非介入性评价。

科学：教师观察到学生在按步骤做科学实验，并在实验笔记本上做记录。教师将此作为对学生做科学实验和记录科学实验的能力的非介入性评价。

社会学：教师观察到学生在地图上找到自己家所在的城市。教师将此作为对学生查阅地图能力的非介入性评价。

体育教学：在课堂上进行的足球比赛中，教师观察到学生用脚拦球，然后踢给队友。教师将此作为对学生拦球和准确传球能力的非介入性评价。

艺术：教师观察到学生在角色扮演练习中扮演一个角色，并将此作为对学生洞察和塑造人物形象能力的非介入性评价。

技术：教师观察到学生在目视电脑屏幕，不看键盘，用正确的技术打字。教师将此作为对学生打字能力的非介入性评价。

学生自主评价

在课堂评价中，学生自主评价可能是最没有得到充分利用的形式。顾名思义，学生自主评价的一个典型特征是，学生自己想办法确定他们将以何种方式展示自己在特定内容上的掌握情况。为此，他们可以使用上文中讨论的任何类型的介入性评价。例如，一个学生为了证明自己对栖息地主题的了解，她可能会说，她将口头回答科学课本第三章后面20个问题中的任何问题。另一个学生为了证明自己对细胞膜主题的了解，可能会提出他将设计并解释细胞膜模型。下面的例子描述了用于不同学科领域的学生自主评价。

语言艺术：为了证明她对课堂上阅读的一本书的理解，一名五年级学生提出写一篇文章，描述故事的发展以及一个事件如何引发另一个事件，从而导致故事的最终结果。

数学：为了证明他对几何角度的理解，一个四年级的学生提出在老师面前测量并绘制锐角、钝角和直角以及余角和补角。

科学：为了显示她对太阳系的了解，一位八年级学生提出画一张太阳系示意图，并写一篇文章描述不同行星的主要特征，以及每个行星与太阳系其他行星的关系。

社会学：为了证明他对第二次世界大战起因的理解，一个八年级的学生提出写一篇文章，讲述如果《凡尔赛和约》没有如此严厉地惩罚德国，战争或许可以避免。

体育：为了显示她能做前滚翻和后滚翻，一个幼儿园学生主动给老师演示这两个动作。

艺术：为了展示他在明暗运用上的技能，一个六年级的学生提出画自己家里的一个物体，为其涂色，并把画带到课堂上展示。

技术：为了表明她理解电子邮件的工作方式，一名一年级学生提出从学校计算机实验室给教师发送电子邮件，并将教师的回信打印出来带到课堂上。

练习2.1

介入性评价、非介入性评价和学生自主评价

练习2.1提供了一些评价分类的练习（参见第164页获取答案）。

阅读以下每一个课堂评价情景，确定它最适合作为哪种评价的示例：介入性评价、非介入性评价或学生自主评价。

1. 本季度艺术课上所涉及的内容蒙娜几乎得了A。她找到老师，交给老师一张

她画的素描，表明她已经掌握了本季度艺术课上展示的技巧。

2. 教授了论点的概念，讨论了成功的论点例子，并为学生提供了实践的机会之后，格雷斯先生给他的学生一个话题，并要求他们写出相应的论点。他使用量规对论点的有效性进行评分，并记录每个学生的分数。

3. 在教授了一个关于编辑和修改的单元后，明特恩女士要求她的学生拿出他们早些时候写的一篇文章的复印件。她把班级分成两人一组，让他们阅读同伴的文章，并在文章上标出编辑和修改建议。她收集修改的清样，并根据评分量规给每个学生编辑的有效性打分。

4. 戴维斯先生正在教学的单元主题是“明暗运用”。他带着他的班级到外面的花园，当学生们创作构图，专注于他们看到的明暗和颜色时，他四处走动，观察他们的进步。他未曾打断学生，在成绩单上记录下每个学生的成绩。

5. 刘易斯女士在教她的学生完成一个合作学习目标。在学生休息时，她注意到其中四个人一起完成了一个交互绳花式跳绳游戏。由于所有四个学生都必须合作才能达到他们的目标，刘易斯女士认为这些学生已经达到了她设计的合作技能评分标准中3.0分的要求。

课堂评价的使用方式

课堂评价有三种不同的使用方式：形成性分数、总结性分数和教学反馈。

形成性分数和总结性分数

如本章第一部分所述，形成性评价的正式定义和波帕姆对该定义的修正表明，形成性评价是一个过程，而不是一种特定类型的评价。事实上，可以准确地说，一般而言，特定的评价既不是形成性的，也不是总结性的——这要取决于信息的使用方式。从理论上讲，同一个评价可以在形成性意义上使用，也可以在总结性意义上使用。约翰·哈蒂非常雄辩地指出了这一点。

> 正如鲍勃·斯泰克（Bob Stake）所说：当厨师尝汤时，这是形成性的；而当客人尝汤时，这是总结性的。因此，一个关键问题是时间的选择，同一个促进因素（例如，品尝汤）可以解释为或用于两种形式的评价，这是可能的。因此，所谓形成性的和总结性的……并不是指手段，而是指解释的时间选择和信息使用的目的。

也许可以将评价设计为数据收集，这些数据要么用于形成性目的，要么用于总结性目的，而不是两者兼顾。正如佩莱格利诺所指出："通常一项评价可用于多种目的。然而，一般来说，一项评价旨在服务的目的越多，每个目的所打的折扣就越多。"

由于前文所述的原因，本书通篇使用形成性分数（formative scores）和总结性分数（summative scores），来代替形成性评价和总结性评价。这样，评价可以有多种形式（介入性评价、非介入性评价和学生自主评价）和多种使用方式，其中两个使用方式是生成形成性分数和总结性分数。这种对形成性分数和总结性分数——而非形成性评价和总结性评价——的关注，为课堂评价和跟踪学生随时间的进步提供了一个独特的视角。为了说明这一点，请参考图2.1。

图2.1中，在说明文写作的过渡这一主题上，学生林赛获得了四个形成性分数。每一个分数代表学生在某一时间点的知识水平。教师依据从0到4的等级量表，来给某一特定技能评分。序列中的最后一个（第四个）分数

学生进步图
记录我的学习

姓名：林赛

学习目标：说明文写作中的过渡

我在开始时的分数：1.5　　我的目标是：3.0　　截止日期：3月30日

为了改进，我要做的具体事情：学习15分钟，每周3次

学习目标：过渡

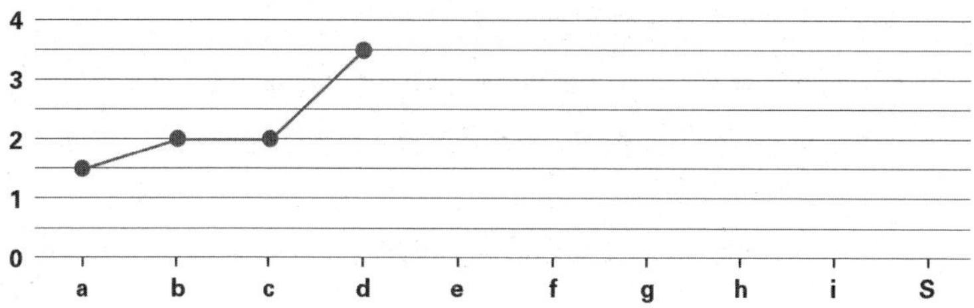

a. 2月5日　　f. ______
b. 2月12日　　g. ______
c. 2月20日　　h. ______
d. 2月28日　　i. ______
e. ______　　总结性分数：______

图2.1　描述形成性分数的折线图

不一定是总结性分数。总结性分数（记录在图的最右边最后一栏，标记为“S”）代表教师根据之前所有分数对林赛最终状态的判断。要说明总结性分数是如何产生的，请参考图2.2。

图2.2中的描述肯定与跟踪学生成绩的传统方法不同。这也与一些学者的建议不同，他们认为不应该记录形成性分数，因为形成性分数只是总结性评价的练习。

学生进步图

记录我的学习

姓名：林赛

学习目标：说明文写作中的过渡

我在开始时的分数：1.5　　我的目标是：3.0　　截止日期：3月30日

为了改进，我要做的具体事情：学习15分钟，每周3次

学习目标：过渡

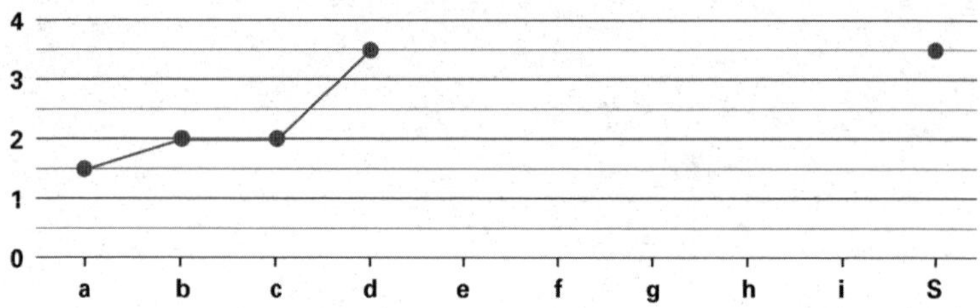

a. 2月5日　　f. ______

b. 2月12日　　g. ______

c. 2月20日　　h. ______

d. 2月28日　　i. ______

e. ______　　总结性分数：3.5

图2.2　描述包含形成性分数的总结性分数的折线图

在这本书中，我们强烈反对这种观点。主要原因是：总结性分数不应该从一次终期评价得出。相反，总结性分数应该是学生在特定时间点的最终状态的最合理展现。所有关于一个学生的可用信息都应用于确定他或她的最终状态——他或她的总结性分数。这种做法与评价基金委员会（the Committee on the Foundations of Assessment）成员的观点非常一致，他们编写了关于评价的开创性著作《了解学生知道什么：教育评价的科学和设计》（*Knowing What Students Know: The Science and Design of Educational Assessment*）。评价委员会认识到，所有评价在某种意义上都是"形成性的"。

为了构建一个总结性分数，教师考察学生在一段时间内的反应模式。教师不是计算学生形成性分数的平均值来构建总结性分数。这绝对违反了形成性评价的原则。计算平均值没有什么意义，这当中的技术原因在《有效的课堂评价和评分》一书中作了较为深入的解释。简而言之，只有在两次评价之间没有发生学习，或者评价考察非常不同的东西的情况下，计算平均值才有意义。显然，在形成性体系中，对某一特定主题的所有评价都是关于同一主题的。图2.1和图2.2就是这种情况——所有四次评价都与学生（林赛）撰写过渡良好的段落这一技能有关。如图2.1和图2.2所示，林赛的第一个形成性分数是1.5分，最后一个是3.5分。这四次形成性分数（1.5、2.0、2.0和3.5）的平均值是2.25分，这当然不能反映她在评分期结束时的状况。

一些教育工作者问的一个合乎逻辑的问题是，为什么不简单地使用学生的最终分数作为总结性分数？这个问题可以在第1章中探讨的"评价并不准确"这一部分找到答案（见表1.6）。回顾一下，一切评价都包含错误，在将任何一次分数解释为对学生在任意时间点的真实状态（或真实分数）的估值时，必须考虑到这一错误。因此，一系列形成性分数中的最后一个形成性分数可能是学生当时真实分数的准确指标，但它也可能不是。

教育者提出的第二个问题（与第一个问题有关）是，为什么不进行最终评价，并将其视为总结性分数？这个问题的答案与第一个问题的答案相同。即使设计了一个非常好的最终评价，它仍然会包含错误。因此，不能绝对相信这个分数反映一个学生对知识的真实掌握水平。注意到这一点，对于教师来说，设计某种类型的期末考试，然后将该分数与其他形成性分数综合在一起，仍然是一种可行且有用（但不是绝对必要）的做法。显然，在确定总结性分数时，基于有细节的期末考试的形成性分数会比之前的形成性分数更有分量。

综上所述，有必要列出本书中描述的形成性分数的特征。

1. 形成性分数可以从各种类型的评价中得出，包括介入性评价、非介入性评价和学生自主评价。

图2.1和图2.2中描述的四个形成性分数可能是由这三种评价类型中的任何一种产生的。为了说明这一点，林赛的第一次评价可能是教师设计的一篇作文——一种介入性评价。图2.1和图2.2中的第二次评价可能是非介入性评价，因为教师碰巧注意到林赛在一篇其他课程的文字作业中使用了过渡句。第三次评价可能来自学生，因为林赛向教师提出她完成了一些结构化练习，这些练习是在语法文本和作文文本中使用过渡句。第四次评价可能是另一次介入性评价，也许是教师布置的第二篇作文。

2. 必须对产生形成性分数的评价进行评分。

正如我们将在下一节关于教学反馈的内容中看到的那样，不必对所有的评价进行评分。然而，如果评价要用来产生形成性分数，就必须对其进行评分。此外，必须以某种方式记录分数，如图2.1和图2.2所示。

3. 用一组记录下来的形成性分数来跟踪学生在一段时间内的进步。

如图2.1和图2.2所示，记录和展示形成性分数应以跟踪学生进步的方式进行。在随后的章节中，我们将考察各种展示学生进步的方式，包括基于技术的方法。

4. 用一组形成性分数在特定时间间隔（例如一个评分期）结束时，产生总结性分数。

形成性分数的主要用途之一是生成一个总结性分数。这不是通过计算形成性分数的平均值或简单地使用这组分数中最后一次形成性分数来实现的。正如我们将在第5章和第6章中看到的，形成性分数也可以用来检查知识的获得情况。

对教师和学生的教学反馈

与形成性分数形成对照的是教学反馈。表2.1描述了这些评价使用方式之间的异同点。

如表2.1所示，用于生成形成性和总结性分数的评价和用于教学反馈的评价有共同的特点：两者都可能涉及介入性评价、非介入性评价和学生自主评价。此外，两者都可以评分，尽管用于教学反馈的评价并不要求评分。

表2.1　形成性和总结性分数与教学反馈

形成性和总结性分数	教学反馈
形成性和总结性分数可以从各种类型的评价中得出，包括介入性评价、非介入性评价和学生自主评价	教学反馈可以从各种类型的评价中得出，包括介入性评价、非介入性评价和学生自主评价
评价需要评分	评价可以评分，也可以不评分
记录分数并用于跟踪学生的进步	由于评价没有记录，它们不是随着时间的推移对学生形成性跟踪的一部分，但它们确实有助于教师了解班级和具体学生的进展情况
形成性分数用于生成总结性分数	教学反馈不是总结性分数设计的正式部分，但它可以帮助教师为特定学生确定最合适的总结性分数

为了说明如何在课堂上体现教学反馈，请思考以下示例：

- 在回答教师提出的问题时，学生向上竖起大拇指表示他们知道答案，大拇指向下表示他们不知道答案，大拇指指向一侧表示他们不确定是否知道答案。
- 教师做一个练习小测验，由学生在教师串讲答案时当场为自己的练习打分。当教师讲到每个问题时，需要稍微暂停一下，留意是否有学生举手提问。在活动结束时，每个学生都知道他或她在练习测验中的成绩，教师也了解全班的成绩。
- 在学生练习了上手投掷垒球的方法后，教师在课间观察他们打垒球。他在脑海中记下每个学生投掷的动作，并利用这些反馈来重新设计下一节课。在课堂上，他根据课间休息时看到的情况，向特定的学生提供反馈。

请注意，这里的每项活动都可以作为评价的手段，因为它提供了学生在特定主题的知识或技能水平上的信息。在第一个例子中，评价涉及教师口头提出的问题以及所有学生用手势回答问题。这是介入性评价的一种形式。因为它是口头的，而且全班都回答每个问题，所以学生的回答没有评分。

在第二个例子中，评价的形式更正式——教师进行小测验。此外，测验还会评分。测验结束后，教师逐一串讲每道题，学生给自己的试卷打分。与前例一样，这是介入性评价的一种形式，但这一次生成了每个学生的分数。然而，由于评价是为教学反馈而设计的，没有记录学生的分数。

第三个例子是非介入性评价的一种形式。教师观察学生实践一项运动技能并在脑海中记下实践效果。教师不给打分。相反，他利用观察到的情况来重新设计下一节课，并确定他想向特定学生提供的反馈。

除了前面列表中的特点，教学反馈通常涉及教师和学生之间的大量互动。在第一个例子中，这可能表现为教师问学生为什么他们认为某些答案是正确的或不正确的。第二个例子也是如此。当教师给学生串讲测验中各种问题的答案时，他或她可能会与学生就具体答案的合理性展开对话。在第三个例子中，教师可能会与学生就他们的个人技术进一步详谈，邀请他们就改进的方法提出意见。实际上，教学反馈为教师和学生提供了一个重新考察学习内容的机会，同时还有获得评价数据的额外好处，这些数据可以表明他们的现状。

在某些情况下，用于教学反馈的评价在一节课中是连续使用的。再来看教师口头提问，学生用手势回答的例子。教师可能会以一系列这样的问题开始上课，其中许多问题大多数学生答错了。在教师提出一些意见后，可能会提出另一组类似的问题。这次有更多的学生，但不是所有的学生回答正确。同样，教师向学生提出一些意见，接着提出第三组也是最后一组相关问题——这一次所有学生都给出了正确答案。在这种方法中，用于教学反馈的评价是逐步提高整个班级知识水平的支架。

练习2.2

教学反馈与形成性分数

练习2.2 是一些区分教学反馈和形成性分数的练习（参见第166页获取答案）。

阅读以下每个课堂情景，确定其描述的评价是用于教学反馈还是用于形成性分数。

1. 莱文女士正在教一个口语交际单元。在单元结束时，学生们将口头介绍他们选择的一本书。但莱文女士知道学生需要机会练习技能，如眼神交流、清晰发音、速度和音量控制。为了提供这些机会，莱文女士问学生比平时更多的直接问题，并要求回答问题的学生站起来向全班讲话。莱文女士也提供了即时反馈，比如建议一个学生放慢讲话速度或提高讲话音量。

2. 讲授完循环系统的一个单元之后，威廉姆斯先生要求学生完成笔试。他给每个人打分并记录分数。

3. 鲍曼女士向她的学生介绍了在本学年第一季度所涉及的每个学习目标上他们当前的分数。她提醒坎迪斯，在涉及移民问题的一个学习目标上，依据4分制量规，她得了2.5分。坎迪斯希望在本季度结束前将分数提高到3.0分。她向鲍曼女士提出了一个想法，即制作一个家谱，记录母亲一方每个家庭成员的名字，来自哪个国家，以及他们移居到此的日期。坎迪斯相信这能证明她掌握了3.0分的内容。

4. 麦基姆先生正在教二次方程单元。他在黑板上写下一个方程及其解题过程，并就解题过程正确与否要求全班投票。他选择一个学生解释为什么他或她认为解题过程是正确的，另一个学生解释为什么他或她认为解题过程是错误的。听完双方意见后，学生们再次投票。麦基姆先生在脑海中记下有多少学生表现出理解了这个问题。

5. 沃克女士正在教排球课。在向学生介绍基础动作后，她将他们分成小组。在其中一场比赛中，她注意到阿什利做了一个完美的上手发球。阿什利在这项技能上一直有困难，过去得分很低。看到阿什利发球后，沃克女士在脑海中将其记下，在成绩簿上给他打了更高的分数。

改变行为的重要性

如本书所述，形成性评价过程的一个典型特征是，它向学生和教师提供信息，这些信息使他们能够做出调整来提高成绩。在学生方面，这涉及确定他们必须改进的具体内容，以及为了改进这些内容他们要做的事情。例如，在收到对上手投球技能的教学反馈后，一位学生意识到，在投掷垒球时她的持球需要更松弛。她决定下次上体育课时试试这个方法。

在教师方面，行为变化涉及确定必须复习或重新教授的内容。例如，在与学生一起给练习小测验评分后，教师意识到他需要复习一些他之前认为学生已经知道的词汇。以下情景提供了一些例子，说明教师和学生如何利用形成性评价过程，来调整他们的行为，以取得更好的学习效果。

情景1：巴特勒女士是一名高中语言艺术教师，她刚刚做了一次介入性评价，现在正在记录形成性分数。她注意到，几乎所有的学生在一篇作文上的表现都很差，这篇作文要求他们讨论《科学怪人》

（*Frankenstein*）一书中提到的北极气候的隐喻作用。她意识到，虽然他们曾在班上讨论过书中其他更具体的象征符号，但本学年他们从未触及过环境作为象征符号的方式。她决定与全班同学一起重温这次作文，并以《科学怪人》中的北极气候为例，讨论环境可能在小说中产生的象征意义。

情景2：默瑟先生是一名小学艺术教师。他在学生制作节日折纸装饰品时，对他们作出非介入性评价。他注意到，虽然学生们似乎在用预先剪好的纸片制作装饰品方面做得很好，但他们自己剪纸就很难。他回想到，当他详细介绍装饰品的折叠和构造过程时，他是用预先剪好的纸来完成的。他决定中断课堂活动，介绍一遍剪纸的程序，以便学生能够更全面地掌握学习目标。

情景3：老师刚刚给梅芙参加的上一次测验打了分。老师注意到关于土壤盐渍化的两道题她都做错了。然后，老师在她的卷子上写下："梅芙，你似乎对此感到困惑。"梅芙立即上网搜索，尝试确定她没有理解的地方。

情景4：坎伯邦德先生是一名中学社会学教师，他刚刚就政府这个话题为形成性目的作了一次介入性评价。他注意到，虽然学生在有关政府行政和立法部门的问题上表现良好，但几乎所有学生在有关司法部门的问题上表现不佳。在重新思考他的教学策略时，他意识到，他所涉及的内容更多地与最高法院具体的有影响力的裁决有关，而不是一般司法部门的运作和宗旨。他决定用不同的方式重新讨论这个问题。

情景5：阿依达刚刚参加了一项活动，这项活动要求她班上的学生就一系列与原始文献有关的问题，投票决定他们认为哪些答案是正确的。她第一次意识到自己对这个概念非常困惑，决定一有机会就问老师。

练习2.3

复习题

练习2.3为本章提供了复习题（参见第168页获取答案）。

以下问题涉及很多本章重要内容。回答每一个问题，然后将你的答案与相应答案页上提供的答案进行比较。

1. 课堂评价的三种类型是什么，每种评价的独特之处有哪些?

2. 评价的三种使用方式是什么，每种方式的独有特征有哪些?

3. 根据《形成性评价与基于标准的评分》一书的定义，形成性评价和形成性分数有什么区别?

4. 描述评价如何向教师提供关于他们自己表现的信息。

小结

本章首先将评价定义为一个宽泛的概念，它涉及为提供关于学生的信息所做的任何事情，这些信息包括他们在课程中某一特定主题内容上的知识和技能。所谓形成性评价，是指通过以改进为目的的评价，来缩小改进范围的过程。课堂评价有三种类型：介入性评价、非介入性评价和学生自主评价。介入性评价是最传统的形式，就是打断教学来进行评价。每当教师看到学生表现出相关技能、方法或过程时，可以非正式地对个别学生进行非介入性评价。学生自主评价是学生在教师的指导下设计和执行的、旨在提高分数或等级的评价。

这些类型中的每一种都可以有三种使用方式：产生形成性分数，或者为了向学生和教师提供学习进展信息而记录的分数；产生总结性分数，或在评分期结束时得出的分数，代表学生在特定时间点的最终状态；或者提供教学反馈，在这种情况下，可以对评价进行评分，但不做记录，用于帮助学生了解哪些方面需要改进，并帮助教师了解个别学生或整个班级的进步情况。

Chapter 3

第3章　基于标准的评分

如第2章所述，形成性评价过程的一个典型特征是，它使用形成性分数来跟踪学生随时间推移的进步，从而得出一个总结性分数的估值。一个特定主题的形成性分数会随着时间的推移逐渐增加，直观来看，这很有道理——随着学生对一个主题的了解越来越多，他们的分数就会上升。为了说明这一点，假设在中学课堂上为配平方程式的主题收集形成性分数。一开始，这些形成性分数可能相对较低，因为许多或大多数学生没有多少解4X=48这种形式的代数方程的经验。然而，随着时间的推移，分数可能会提高。例如，在第一次评价中，一名学生得到50分。在下一次评价中，该学生得到60分，以此类推，直到该单元的最终评价他得到74分的形成性分数。

从这个例子来看，设计产生形成性分数的评价似乎相当简单。教师所要做的就是设计评价，给评价打分，然后在教学过程中跟踪学生的分数。不幸的是，这里很容易落入一些陷阱，会使收集的形成性分数变得毫无意义。最大的陷阱之一是百分制的不当使用。

百分制

可以很有把握地认为，即使不是大多数，也有许多教师使用百分制作为他们评价的基础。这主要是因为将任何评价转化为百分制相当容易。为了说明这一点，假设教师设计了一个包含12道多项选择题的评价。如果一个学生答对了12道题中的9个，这个学生就得到75分。为了得到这个分数，教师只需将正确题目数除以题目总数的比值转换成小数，然后乘以100（9/12=0.75 × 100=75）。同样，在下一次评价中，教师可能会设计5道应用题，每道题都有分数。前两道题可能各值10分，后三道题可能各值15分，总共65分。学生回答的每道题都单独给分。为了计算分数，教师只需将学生每道题获得的分数相加，除以总分数，再乘以100。例如，假设一个学生5道应用题的得分如下：7，7，11，10和15。这个学生的分数就是77分（50/65=0.77 × 100=77）。

到目前为止，这种方法似乎没有问题。然而，仔细研究百分制，就会发现一些重大问题。为了说明这一点，假设你设计了一个由三部分习题组成的评价。第一部分包含10道多项选择题，这些选择题是事实性的，但对所讨论的主题非常重要。第二部分包含4道简答题，涉及更复杂的内容，如解释原则和概括内容。第三部分包含2道题，这2道题要求学生更进一步，做出超出课堂讨论范围的推论和应用。

为了展示百分制所带来的潜在问题，请花点时间给本评价的三个部分分配分数，确保第一、二和三部分的分值总和为100分。在提供的空白处，记录你分配的分数。在给每个部分分配分数之前，不要阅读表格下面的内容。表3.1简要提示了三个部分题目的特征。

表3.1　一次评价中三个部分的内容类型

第一部分：10道选择题，这些选择题是事实性的，但对所讨论的主题非常重要
第二部分：4道简答题，要求学生解释原则或概括内容
第三部分：2道简答题，要求学生做出超出课堂讨论范围的推论和应用

第一部分得分：______

第二部分得分：______

第三部分得分：______

合计：　　　　100

现在你已经给每个部分分配了分数，假设某个学生表现出以下分数模式：他或她正确回答了第一部分的所有问题，第二部分的4道问题中2道回答正确，第三部分的2道问题全部回答错误。使用你分配给三个部分的分数，计算该学生的总分。为此，只需将分配给第一部分的所有分数和分配给第二部分的分数的一半相加，而不加分配给第三部分的分数。举例来说，如果你分配给第一部分40分，第二部分40分，第三部分20分，则该学生的总分数为60分。花点时间用你的方案计算一下学生的总分，并记录在空白处。

学生的总分：________

数以千计的教师在课堂评价研讨会上完成了这项活动。表3.2描述了我们在进行这项练习时观察到的一些常见的回答模式。

表3.2　常见的回答模式

	分配给第一部分的分数	分配给第二部分的分数	分配给第三部分的分数	学生总分（最终分数）
教师1	40	40	20	60
教师2	20	40	40	40
教师3	60	20	20	70
教师4	70	20	10	80
教师5	20	20	60	30

如表3.2所示，总分或最终分数的差异是巨大的。这个学生正确回答第一部分所有题目、第二部分一半题目，第三部分没有一个题目做对，其总分范围在30分到80分之间。在完成这一加权练习的数千名教师中，我们观察到的最低分数是15分，最高分数是90分——分值范围为75分。一言以蔽之，尽管所有教师看的都是这次测试中考题的同一份答卷，但是他们给予评价中的每个部分不同的权重，产生了75分的分值差。

表3.2中描述的巨大分值差并不是这项练习的一个简单产物。研究表明，当教师设计自己的评价，并为这些评价中的题目分配分数时，学生可以从不同的教师那里获得非常不同的总分，仅仅因为教师对题目的加权不同。例如，哈珀斯托尔描述了一项研究，其中557名教师都使用百分制给一份试卷评分。虽然大多数分数落在59分至73分之间，但分数范围在38分至91分之间。格斯基和贝利对1912年进行的一项类似研究进行了评论，该研究由142名教师对两份英语试卷进行评分。正如格斯基和贝利所指出的，一份试卷的分数从64分到98分不等，另一份试卷的分数从50分到97分不等。其中一份试卷被15%的教师评为不及格（75分及格），而12%的教师给同一

份试卷打了90多分。后来，同样的研究人员用数学试卷重复了这项研究，发现了同样的变化。

这个分数范围是百分制误差的巨大来源。然而，题目权重的不一致模式不仅存在于教师之间，也存在于由同一教师设计的评价之间。例如，在一次测试中，教师使用的题目可能都非常简单，许多学生得到了高分。在下一次考试中，大多数题目可能非常难，许多学生得到的分数很低。由于没有反映每次评价或评价之间的难易程度，使用形成性分数跟踪学生随时间的进步就非常困难，甚至不可能。每次评价对题目的加权不同，以及构成每次评价的题目的难度水平不一致，这类似于从一次评价到下一次评价改变了所使用的量表。打个比方，这就像测量一个学生一整年的身体成长，但是一英寸的长度是多少，每次测量使用的卷尺并不固定。

显然，需要一种更好的方法来设计评价，并为其评分——这种方法确保量表（一英寸的长度）从一次评价到下一次评价保持不变，并确保教师每次评价使用相同的评分逻辑。如前面的讨论所示，这种方法将排除通常使用的百分制。

一种精确的基于量规的方法

量规的概念已经存在很多年了。虽然该术语在评价界以多种方式使用，但其词源可以追溯到拉丁语“rubica terra”，指的是几个世纪前使用红土来标记或表示重要的东西。在今天的评价领域，术语“量规”通常用于描述特定主题的知识或技能，如表3.3所示。

表3.3　六年级社会学中，关于“第二次世界大战”主题的量规

4分	学生将提出并论证一个假设，即如果导致第二次世界大战的特定事件没有发生或发生了不同的情况，可能会发生什么。
3分	学生将比较第二次世界大战和第一次世界大战爆发的主要原因。
2分	学生将描述第二次世界大战爆发的主要原因。
1分	学生将认知关于第二次世界大战的孤立事实。

在很大程度上，量规类似于玛格丽特所描述的学习进阶。回顾第1章的讨论，学习进阶描述了与特定主题相关的越来越复杂的内容。表3.3中的量规描述了关于第二次世界大战越来越复杂的知识。

虽然像表3.3那样的量规已经在课堂上成功地使用了很多年，但如果没有充分利用，当涉及为学生提供形成性分数时，它们可能会有一些与百分制相同的缺点。举例来说，请思考表3.4，这是一个由不同的教师为同一年级就同一主题编写的量规（相较于表3.3的量规）。

表3.4　关于“第二次世界大战”主题的第二个量规

4分	学生将比较第二次世界大战的转折点和其他战争的转折点。
3分	学生将讨论第二次世界大战中的关键转折点。
2分	学生将记住有关同盟国如何在第二次世界大战中取得胜利的基本信息。
1分	学生将认知关于第二次世界大战结果的基本信息。

请注意，尽管量规涉及同一主题（第二次世界大战），但它们对量规2分，3分和4分的内容有非常不同的期望。在第一个量规（表3.3）中，3分的内容要求学生比较第二次世界大战和第一次世界大战爆发的原因。第二个量规（表3.4）中，3分的内容要求学生讨论第二次世界大战的关键转折点。

这个内容比第一个量规中的3分内容要容易一些。

一般来说，第一个量规的内容在每个等级都比第二个量规的内容更复杂。当学校只是通知教师设计量规，而没有就如何设计给予指导时，就会出现这样的差异。在这样一个系统中，教师的量规会因教师而异。

为了解决教师与教师量规不一致的问题，有必要开发一种系统的量规设计方法。《有效的课堂评价和评分》和《让标准在课堂上发挥作用》这两本书提出了一个观点：学区或学校的代表教师和/或课程专家团队应该为每个年级的内容设计量规，并提供给教师。这当然是量规设计的最佳方法，强烈推荐使用这种方法。简而言之，最有效的方法是由一个学区或学校为教师提供特定学科领域全年使用的量规。

如果一个学区或学校没有为教师提供这样的资源，那么教师个人可以也应该使用系统化的方法设计自己的量规。《学习目标和目的设计与教学》一书深入探讨了如何设计精确的量规。这里简要讨论这一主题。

确定更简单和更复杂的内容

设计精确量规的第一步是确定一个或多个具体学习目标，作为教学目标。每个单元都可以这样做。理想情况下，教师会制定一整年的学习目标。举例来说，假设一位科学教师正在准备一个关于遗传的单元。他或她可能会确定以下两个学习目标：

学习目标1：学生将能够区分现实世界中的可遗传特征和不可遗传特征。

学习目标2：学生将能够使用孟德尔棋盘法进行预测。

教师接下来要做的是为每个学习目标确定一些更简单的内容和更复杂

的内容。第一个学习目标显示如下：

学习目标1的更复杂内容：学生将能够讨论可遗传特征和不可遗传特征如何相互影响。

学习目标1：学生将能够区分现实世界中的可遗传特征和不可遗传特征。

学习目标1的更简单内容：学生将能够识别关于可遗传特征和不可遗传特征的准确陈述和特例。

注意，对于第一个学习目标，更简单的内容要求学生简单地认识可遗传特征和不可遗传特征的事实。它不需要像理想学习目标那样区分这两种类型的特征。学习目标1的更简单内容明显比理想学习目标规定的要容易。相反，更复杂的内容要求学生讨论可遗传特征和不可遗传特征如何相互影响，从而超越对理想目标的期望。

与第二个学习目标相关的内容将遵循相同的模式：

学习目标2的更复杂内容：学生将能够讨论遗传学在糖尿病等疾病中的作用。

学习目标2：学生将能够使用孟德尔棋盘法进行预测。

学习目标2的更简单内容：学生将记住关于孟德尔棋盘法的事实。

练习3.1

设定更简单和更复杂的学习目标

练习3.1提供了一些为学习目标确定更简单和更复杂内容的练习（参见第170页获取答案）。

对于以下五个不同学科领域的学习目标，在空格上写出更复杂和更简单的内容，然后将你的答案与相应答案页提供的答案进行比较。

学习目标1：学生将会做两位数乘以两位数的乘法运算。

更复杂的内容：______________________________

更简单的内容：______________________________

学习目标2：学生将能够在地图上标记世界各大洲。

更复杂的内容：______________________________

更简单的内容：______________________________

学习目标3：学生将能够以正确的节奏和音调唱歌。

更复杂的内容：______________________________

更简单的内容：______________________________

学习目标4：学生将能够讨论记叙文的主要因果关系。

更复杂的内容：______________________________

更简单的内容：______________________________

学习目标5：学生将能够讨论地球地表形态如何迅速变化和缓慢变化。

更复杂的内容：______________________________

更简单的内容：______________________________

设计量表

确定了一个学习目标及其相关的更简单和更复杂的内容，教师就可以设计一个精确的量规（rubric）或量表（scale）。因为从技术上讲，使用“量表”一词比使用“量规”一词更准确，所以在本书其余部分，我们使用“量表”一词。正如在《有效的课堂评价和评分》一书中所描述的那样，量表试图创建一个连续的统一体，阐明与特定主题相关的不同知识和技能水平。此外，一个量表写得好，可以被当作一个实用的学习进阶。再者，一个量表写得好，应该使教师很容易设计评价，并用于生成形成性分数和总结性分数。

表3.5描述了本书推荐的通用量表形式。

表3.5 通用量表形式

4.0分	更复杂的内容
3.0分	理想学习目标
2.0分	更简单的内容
1.0分	在帮助下，2.0分内容和3.0分内容部分掌握
0分	即使有帮助，也未见成效

要理解量表，最好从3.0分开始。要获得3.0分，学生必须表现出达到了理想学习目标。2.0分表示对更简单内容的掌握能力，4.0分表示对更复杂内容的掌握能力。4.0分、3.0分和2.0分涉及不同的内容，而1.0分和0分则不涉及。1.0分表示，学生不能独立达到2.0分和3.0分要求的目标，但在帮助下，他或她掌握了部分内容。0分表示，即使有帮助，学生也无法掌握和理解内容。

表3.6使用前面描述的关于遗传特征的一个学习目标，来显示已经填写的量表可能是什么样子。

表3.6　目标1的量表

分数	内容
4.0分	学生将能够讨论可遗传特征和不可遗传特征如何相互影响
3.0分	学生将能够区分现实世界中的可遗传特征和不可遗传特征
2.0分	学生将能够识别关于可遗传特征和不可遗传特征的准确陈述和特例
1.0分	在帮助下，2.0分内容和3.0分内容部分掌握
0分	即使有帮助，也未见成效

同样，3.0分的内容是理想学习目标。因此，教师在设计量表时只需将课程的理想学习目标作为3.0分的内容。下降一个整数分是2.0分，更简单的内容在这里。从理想学习目标（3.0分）上升一个整数分是4.0分，更复杂的内容在那里。

1.0分和0分不代表新的内容，但它们确实代表学生对知识的不同掌握水平。1.0分表示学生在独立学习时，无法理解内容。然而，在帮助下，这个学生掌握了部分2.0分和3.0分要求的内容。0分表示即使有帮助，学生也无法掌握2.0分和3.0分要求的内容。

用学生友好型语言编写量表

前文中描述的量表是为教师编写的，使用的是教师友好型语言。为了使量表对学生更有用，还应该设计一个用学生友好型语言编写的量表。这应该与学生合作完成。教师应向学生介绍课堂上使用的每个量表；解释4.0分、3.0分和2.0分的内容是什么意思；然后让全班同学参与重写每个分值的内容。为了说明这一点，再次思考表3.6中的量表。教师会从3.0分的内容开始，解释他或她对这个分数的期望。一旦学生很好地掌握了3.0分的内容（理想学习目标），他或她就会解释对2.0分和4.0分内容的期望。接下来，学生将分成小组讨论，想出他们自己的方式来表述2.0分、3.0分和4.0分的内容。把他们的建议收集起来，合成一个量表版本。这个版本可能类似于表3.7。

表3.7 学生友好型量表

4.0分	我们应该能够谈论我们先天继承的特征和我们后天自己发展的特征是如何相互关联的。例如，一个人出生在一直住在赤道附近的家庭，他可能皮肤较黑，喜欢游泳或水肺潜水等温暖天气的爱好；但一个人出生在一直生活在寒冷气候的家庭，可能皮肤较白，喜欢滑雪或滑冰等寒冷天气的爱好
3.0分	我们应该能够区分我们从父母那里继承的特征和我们自己发展的特征。例如，迈克尔·菲尔普斯是这么优秀的游泳运动员，部分原因是他有多高，臂展有多宽（他继承了这些特征），部分原因是他非常努力地训练，并且教练吩咐的他都照做了（他选择做的事情）
2.0分	我们应该能够谈论我们从父母那里得到的特征和我们自己发展的特征。例如，我们不能改变我们从父母那里得到的特征，如身高或眼睛的颜色，但我们可以改变我们发展的特征，如耐心或职业道德
1.0分	在帮助下，2.0分内容和3.0分内容部分掌握
0分	即使有帮助，也未见成效

请注意，重新编写的量表中有一些示例，显示了如何为2.0分、3.0分和4.0分的内容提供正确答案。这对学生友好型量表至关重要。实际上，老师和学生创造了一种类似于作文老师所说的“参考范文”的东西。在写作教学的背景下，参考范文是一篇作文，它清楚地展示了特定类型作文的预期特征。表3.7中2.0分、3.0分和4.0分内容的示例也是如此。学生友好型量表应该为学生提供明确的指导，说明如何展示2.0分、3.0分和4.0分的能力。

使用量表对评价进行评分

利用为特定单元的学习目标编写的量表，教师可以设计各种类型的评价，并为其评分。我们将在第4章深入探讨这一过程。简而言之，再次思考表3.7所示的量表。为了评价这个量表中的内容，教师可以设计一个类似于表3.8的测试。

请注意，该测试分为三个部分——一个是2.0分内容（第一部分），一个是3.0分内容（第二部分），一个是4.0分内容（第三部分）。为了给这次评价打分，教师会查看三个部分的答题模式。如果一个学生正确回答了测试中的所有问题，她将获得4.0分。如果她正确回答了第一和第二部分的所有问题，但没有正确回答第三部分，她将得到3.0分。如果她正确回答了第一部分的所有问题，但没有正确回答第二和第三部分，她将得到2.0分。如果她自己不能正确回答任何问题，但在教师的帮助下能正确回答一些问题，她将得到的分数为1.0分。最后，即使有帮助，她也不能正确回答任何问题，那就只能得到0分。

你可能马上会发现这个测试评分有问题。如果学生答对的是所有2.0分的题（第一部分）和部分3.0分的题（第二部分）怎么办？学生的得分是2.0分还是3.0分呢？解决这一难题的方法在于使用半分制。表3.9描述了这种情况。

现在量表可以处理部分计分或评价中某一部分的某些问题答错的情况。同样，有必要从理想学习目标——3.0分内容——开始。3.0分表示学生答对了所有3.0分的题。2.5分意味着学生在2.0分内容（更简单的内容）上取得了成功，在3.0分内容（理想学习目标）上取得了部分成功。3.5分表示学生在3.0分内容（理想学习目标）上取得了成功，在4.0分内容（更复杂的内容）

上取得了部分成功。1.5分表示学生在2.0分内容（更简单的内容）上取得了部分成功。最后，0.5分表明，在帮助下，学生在1.0分内容上取得了部分成功。

表3.8 测试示例

第一部分
1. 判断正误：所有疾病都是遗传的。________ 2. 判断正误：如果你妈妈害怕过山车，你会从她那里继承这种恐惧。________ 3. 遗传特征的例子有________________和________________。 4. 在你可以随时间推移而发展的特征前打钩。 ________ 鞋号 ________ 性别 ________ 历史知识 ________ 怕蛇
第二部分
5. 说出你喜欢自己的三个特征。这些是遗传特征还是非遗传特征？解释你的答案。 ____ ____
6. 乔伊在圣诞节后报名参加了夏季拼字竞赛。他没有经常练习，因为他在打棒球，他和父母在春假期间去了佛罗里达。拼字竞赛时，他在第一轮就输了。那天晚上晚些时候，他告诉妈妈他输了，因为他不擅长词汇。你认为这正确吗？为什么正确？或为什么不正确？ ____ ____
7. 西蒙的母亲总是让他和她一起去杂货店，这样他就可以拿到最高架子上的东西。他几乎能拿到她指出的所有东西。这是因为西蒙生来很高，还是因为他做了很多高处取物的练习？他是否继承了在顶层货架上取物的能力？解释你的答案。 ____ ____
第三部分
8. 血友病是一种遗传性疾病，会阻止血液凝固。这意味着，如果你被割伤或擦伤，你可能会因失血过多而危及生命。如果你生来就患有这种疾病，你必须避免哪些事情？相反，你可能擅长哪些事情？你的哪些性格特征可能是其他人没有的？解释你的答案。 ____ ____

表3.9　完整量表

4.0分	更复杂的内容
3.5分	掌握了3.0分内容，4.0分内容部分掌握
3.0分	理想学习目标
2.5分	2.0分内容无重大错误或遗漏，3.0分内容部分掌握
2.0分	更简单的内容
1.5分	2.0分内容部分掌握，但3.0分内容有重大错误或遗漏
1.0分	在帮助下，2.0分内容和3.0分内容部分掌握
0.5分	在帮助下，2.0分内容部分掌握，但3.0分内容没有掌握
0分	即使有帮助，也没有掌握

多年来，我们发现教师使用这个量表来设计课堂评价并为其评分，可以具有相对较高的可信度。为了说明这一点，让我们回顾一下你完成的关于百分制不足之处的活动。表3.10再现了这次假设的评价三个部分的内容。

表3.10　一次评价中三个部分的内容类型

第一部分：10道选择题，这些选择题是事实性的，但对所讨论的主题非常重要
第二部分：4道简答题，要求学生解释原则或概括内容
第三部分：2道简答题，要求学生做出超出课堂讨论范围的推论和应用

回忆一下，一名学生答对了第一部分的所有问题，答对了第二部分的一半问题，但第三部分没有答对任何问题。你需要计算这名学生取得的分数。如前所述，当使用百分制给这种回答模式评分时，由于各部分问题的权重不同，分值范围在15分到90分之间。当使用表3.9的量表时，教师给各

部分分配分数的可变性要小得多，特别是当他们意识到第一部分题目代表2.0分内容，第二部分题目代表3.0分内容，第三部分题目代表4.0分内容时。事实上，从这个新的角度来看，评分非常简单。这个学生答对了所有2.0分的题目，一半3.0分的题目。因此，该学生得到2.5分。

前面的例子涉及传统的笔试，但是该量表同样适用于其他类型的评价。例如，美术老师可能会设计一个评价，要求学生给他们选择的物体画素描。然而，在考试说明中，教师要求学生确保自己表现出对课堂上提到的基本素描技巧的理解（2.0分内容），表现出对课堂上提到的透视概念的认识（3.0分内容），并以口头形式或书面形式展示他们如何修改一些基本技巧以达到特定的艺术目的（4.0分内容）。

要给素描打分，教师首先要确定学生已经展示了基本的素描技巧。如果是这样，教师就会知道他的分数至少是2.0。教师接下来会检查他的透视方法（3.0分内容）。如果他在运用透视原理方面取得了部分成功，那么他将得到2.5分。如果他的素描体现了透视原理，没有重大错误或遗漏，那么就会得到3.0分，以此类推。

练习3.2

使用量表对评价进行评分

练习3.2提供了一些使用量表给评价打分的练习（参见第172页获取答案）。

以下是不同类型评价的不同回答模式。使用表3.9中描述的量表对这些评价进行评分。

1. 体育课教师斯旺森先生在他的课上组织了一项活动，让他的学生展示他们的平衡能力。2.0分内容（更简单的内容）包括在平衡木上缓慢地进行平衡活动，3.0分内容（理想目标）包括在平衡木上行走，4.0分内容（更复杂的内容）包括在保持平衡时向同伴扔球或在自己快要跌倒时稳住身体。邦妮在更简单的平衡活动中取得了成功，并在目标平衡活动中取得了一些成功。她的分数是__________。解释一下你的答案。

2. 为了达到口语流利的学习目标，雅西女士在她的法语课上给学生布置了一个关于食物话题的简短口头报告。学生必须使用一些与主题相关的基本词汇（2.0分内容）。他们还必须用完整的句子来讨论法国的饮食习惯与美国的饮食习惯有什么不同（3.0分内容）。最后，雅西女士要求他们造几个句子，说明他们更喜欢哪种饮食文化（法国或美国）以及为什么（4.0分内容）。伊达能够说出所提供的相关词汇，并能用简单的句子清晰流利地讲述相关主题。虽然她的观点并不是很有说服力，但她清楚地表达了每种文化的优点。她的分数是__________。解释一下你的答案。

3. 盖奇先生布置了一篇话题阐述的小论文。在说明中，他提供了一个话题，并要求学生在两种可能的立场中择一。为了说服读者，他要求学生找到两个有效的研究来源（2.0分内容）。他还要求学生直接引用这些来源作为论据，支持他们选择的论点（3.0分内容）。最后，他要求学生反驳自己认为相关的相反观点（4.0分内容）。卡罗琳的论文表明，她已经找到了两个有效来源，来支持自己所选的立场；然而，虽然论文提到了这两个来源，但没有直接引用其中任何一个，也没有反驳相反的观点。她的分数是__________。解释一下你的答案。

4. 萨特罗姆女士注意到贾斯珀在一次数学考试中表现不佳。测试要求学生阅读一道应用题并列出数学方程（2.0分内容），解方程（3.0分内容），将最终答案与原应用题进行比较，看答案是否有意义（4.0分内容）。她把贾斯珀叫来单独会面，和他讨论了其中的一个问题。虽然他不能自己做出这道题，但他能列出一个数学方程，并在萨特罗姆女士的指导和提示下解出这道题。他的分数是________。解释一下你的答案。

5. 社会学教师凯金斯先生组织了一个角色扮演活动，来评价他的学生对美国总统的了解程度。他为角色扮演提供了指导，并提供了三位总统的信息供学生选择。选择一位总统后，学生必须创设一个场景，展示关于总统的个人事实和他在任的时间（2.0分内容）。学生还必须描述总统做出的最有影响力的选择之一（3.0分内容）。最后，场景必须描绘总统考虑做出一个不同于他以往所做的选择（4.0分内容）。萨利提供了她选择的总统的相关信息，但描述这位总统遇到了只有现任总统才会遇到的问题——而不是她选择的总统必须做出的选择。她没有描述选定的这位总统本可能做出的任何其他选择。她的分数是________。解释一下你的答案。

在使用这个量表的这些年里，我们发现一些教师更喜欢做出比半分制分数更精确的区分。确切地说，对于某些教师来讲，半分量表并没有对部分得分做出足够精细的区分。例如，假设一名教师为2.0分内容设计了一次包含10道题的评价。再假设一名学生答对了其中的七道题，另一名学生答对了其中的三道题。两个学生都没有正确回答3.0分或4.0分的问题。使用半分制量表，两个学生都可能得到1.5分，但是这个分数不能反映一个事实，即一个学生正确回答了70%的2.0分题目，而另一个学生正确回答了30%的2.0分题目。表3.11的量表解决了这个问题。

表3.11　三分之一间隔分数

4.0分	更复杂的内容
3.67分	除了3.0分内容外，4.0分部分内容掌握程度很高
3.33分	除了3.0分内容外，4.0分部分内容掌握程度较低
3.0分	理想学习目标
2.67分	2.0分内容无重大错误或遗漏，3.0分部分内容掌握程度很高
2.33分	2.0分内容无重大错误或遗漏，3.0分部分内容掌握程度较低
2.0分	更简单的内容
1.67分	2.0分部分内容掌握程度很高，但3.0分内容存在重大错误或遗漏
1.33分	2.0分部分内容掌握程度较低，但3.0分内容存在重大错误或遗漏
1.0分	在帮助下，2.0分内容和3.0分内容部分掌握
0.5分	在帮助下，2.0分内容部分掌握，但3.0分内容没有掌握
0分	即使有帮助，也未见成效

在表3.11中，整数分数之间使用了三分之一的间隔。这就能够更精准地区别部分得分。3.67分意味着学生在3.0分内容上表现出完全掌握，在4.0分部分内容上表现出很高的掌握程度。3.33分意味着学生在3.0分内容上表现出完全掌握，而在4.0分部分内容上表现出较低的掌握程度。同样，2.67分意味着学生在2.0分内容上表现出完全掌握，在3.0分部分内容上表现出很高的掌握程度。2.33分意味着学生在2.0分内容上表现出完全掌握，但在3.0分部分内容上表现出较低的掌握程度。

这就解决了上文提到的给两名学生的评价进行评分的问题——其中一名学生正确回答了2.0分内容的3道题，另一名学生正确回答了2.0分内容的7道题。答对3道题的学生将得到1.33分，表明2.0分部分内容掌握程度较低。

答对7道题的学生得到1.67分，表明2.0分部分内容掌握程度较高。

一些教师甚至进一步改进量表。他们不用二分之一间隔，而是使用四分之一间隔。也就是说，1.25分表示在2.0分部分内容掌握程度较低，1.5分表示掌握程度居中，1.75分表示掌握程度较高。

值得注意的是，在表3.11中，在0分到1分的区间内使用0.5分来概括表示0.33分和0.67分。这是因为据教师们反馈，在向学生提供帮助时，很难做出比半分间隔更精细的区分。

对本章展示的量表还应该再加一句述评。多年来，我们见过诸多改编版本和变通形式，其中一些在《有效的课堂评价和评分》和《让标准在课堂上发挥作用》两本书中有所描述。例如，有时使用的量表没有明确规定4.0分内容。对4.0分的期望是，学生做出的改写和推论超出了3.0分明确教授的内容。4.0分内容不做具体明示，为教师和学生提供了许多选择，来证明学生对知识的掌握程度超过了3.0分。

使用已有评价

在下一章（第4章）中，我们将考虑如何对照本章描述的量表来设计课堂评价。然而，许多教师发现自己处于这样一种情况：他们想使用或不得不使用那些不是根据量表设计的评价。这不应成为一个问题。教师只需根据量表来解释这些未根据量表设计的评价。对已有评价的解释，我们在这里考虑三种不同的情况。

使用已有考试

教师可能有权使用他或她希望继续使用的传统考试题。笔试形式的传统介入性评价很容易转换为0—4分量表。举例来说，思考表3.12中的评价，这个表格被用来在小学低年级自然科学课堂上评价学生对地球物质特性的了解。

表3.12　地球物质特性统一评价

1. 人类使用的三种地球物质是__________，__________和__________。
2. 人类如何使用这些物质？
3. 土壤的三个特征是__________，__________和__________。
4. 利用上面所列三个特征，简要描述本周课堂上学习的一种土壤。你在哪里能找到这种土壤，为什么你认为它有这些具体特征？
5. 大多数化石的形成时间：__________
   A. 几十年
   B. 几百年
   C. 数百万年
   D. 以上各项均不对
6. 简述我们可以从化石中学到的两件事。

____

____

表3.12中的评价有6道题，根据得分来评分。为了将其转化为可用量表评分的评价，教师只需将6道题分为三类，分别代表2.0分内容、3.0分内容和4.0分内容。教师可能决定第1、3和5题符合2.0分内容，因为它们代表基本的事实知识。第2、4和6题可能被归为3.0分内容，因为它们涉及更复杂的内容。在某些情况下，必须扩充已有的评价，来满足本章介绍的量表的要求。例如，表3.12中已有的评价有几个题目代表2.0分和3.0分的内容，但没有题目代表4.0分内容（评价中没有题目要求学生做出超出课堂教学内容的推论）。教师只需在测试中添加一些4.0分的题目，然后通过考察各个题目的回答模式，以前面描述的方式对评价进行评分。

使用已有量规

许多学校和学区已经制定了在特定情况下使用的量规。例如，一些州和地区采用西北地区教育实验室设计的“六特征写作量规”的某种变通形式。该系统采用一种六个等级的量规，来衡量六个特征：观点、思想和内容、句子流畅性、词汇选择、组织结构、惯例。为了说明6分制的基本结构，思考表3.13，该表是以组织结构特征量规为模型制定的。

表3.13　组织结构特征量表

等级	特征	转换成量表分数
尚无能力	写作缺乏连贯性，表现在缺乏有效的顺序或缺乏组织结构	1.0分或以下
能力出现	写作缺乏明确的组织结构，但有一些基本的组织手段	1.5分
		2.0分
能力发展	具备整体组织架构	2.5分
具备能力	组织结构清晰，但公式化	3.0分
经验丰富	组织结构清晰，不公式化，增强中心思想	3.5分
非常成功	组织结构令人信服，明显增强了写作的连贯性	4.0分

为了将这个量规改编为本章提出的0—4分量表，教师只能将现有量规的等级与量表上的具体分值等同起来。在表3.13中，教师将“尚无能力”这一等级等同于1.0分或以下（见最后一栏，转换成量表分数）。1.0分意味着，在帮助下，学生可以执行一些目标程序。在这种情况下，如果学生得到1.0分，教师必须判断学生在帮助下能做些什么（如果有的话）。这无疑需要与学生进行一些互动。

量规上“能力出现”这一等级等同于量表分数1.5分或2.0分。同样，当教师评价一个学生的作文时，教师必须确定这一分数是代表完全展示了组织结构更简单的要求（2.0分），还是部分展示了组织结构更简单的要求（1.5分）。在表3.13中，“能力发展”“具备能力”“经验丰富”和“非常成功”这些等级均等同于某个量表分值，分数的转换并不复杂。

如本例所示，教师在将已有量规转换为量表分数时，只需确定已有量规的各个等级分别等同于量表上的哪个具体分数。在某些情况下，已有量规上的一个等级可能解释为量表上一个以上的分值。在表3.13中，“尚无能力”和“能力出现”这两个等级就是这种情况。在这种情况下，教师通常制定个人编码方案。例如，0分以下代表学生即使在帮助下也不能理解写作的组织结构，0.5分代表学生在帮助下可以理解一些简单的组织结构，1.0分代表学生在帮助下可以理解一些更复杂的组织结构。

使用已有学习进阶

一些教师工作的学校或学区可能已经开发出了学习进阶。量表也很容易适应这种情况。为了说明这一点，让我们思考第1章中展示的浮力主题的六级进阶。所有这六个等级都可以映射到0—4分量表中，如表3.14所示。

表3.14 已有学习进阶转换量表

4.0分	学生知道漂浮需要密度小于介质
3.5分	学生知道漂浮需要密度小
3.0分	学生知道漂浮需要质量小，且体积大
2.5分	学生知道漂浮需要质量小，或者学生知道漂浮需要体积大

续表

2.0分	学生认为漂浮需要体积、重量或数量小，或者需要由特定材料制成
1.5分	学生认为漂浮需要平坦、中空、充满空气或有洞
1.0分	在帮助下，部分掌握2.0分和1.5分的内容
0.5分	在帮助下，部分掌握 2.0分内容，但完全没有掌握3.0分内容
0分	即使有帮助，也毫无成效

如表3.14所示，学习进阶最低等级对应量表1.5分，学习进阶最高等级对应量表4.0分。量表上每个大于1.0分的整分和半分分值都有对应的学习进阶的内容。重要的是不要将内容分配给1.0分、0.5分或0分。这几个分值其实只是代表学生在教师帮助下的反应。如果一个学习进阶的等级超过了半分制所能容纳的等级，教师可以使用三分之一间隔的量表，甚至四分之一间隔的量表。

练习3.3

复习题

练习3.3提供了一些本章复习题（参见第175页获取答案）。

以下问题涉及很多本章重要内容。回答每一个问题，然后将你的答案与相应答案页上提供的答案进行比较。

1. 百分制有哪些缺点?

2. 描述编写量表的基本过程。

3. 为什么学生用自己的话重写量表很重要?

4. 描述教师如何利用已有的评价。

小结

本章以一项旨在说明百分制缺陷的活动开始。其余部分集中于设计和使用精准的基于量规的方法，以保证评价的有效性和可靠性。最好的做法是，理想学习目标及其相应的量表应该在学校或学区一级设计，以确保一致性。如果无法做到这一点，教师应该为自己教学单元中涉及的内容确定学习目标。接下来，为每个学习目标确定更简单的内容和更复杂的内容。这些目标随后被用于设计量表。一旦量表设计出来，全班同学就可以用每个人都容易理解的语言改写此量表。评价可以根据量表设计，并根据量表和学生的回答模式进行标准统一的评分。教师通常使用半分间隔的量表，但如果教师愿意，他们也可以使用三分之一甚至四分之一间隔的量表。最后，可以将已有的评价和已有的量规加以改编，转换成量表。

Chapter 4

第4章　设计评价

我们在第2章中了解到评价有三种形式：介入性评价、非介入性评价和学生自主评价。本章讨论如何基于这些评价的复杂性和使用频率来设计这几种评价。这里首先从介入性评价中的选择题开始。

介入性评价中的选择题

选择题通常用于介入性评价。选择题的常见类型有多项单选题、匹配题、两项单选题、判断正误题、多选题和填空题。这里简要介绍每一种题型。

多项单选题

多项单选题提供一系列答案（通常是四个答案），学生从中选择一个正确的答案。表4.1包含数学、语言艺术、科学和社会学的多项单选题示例。

匹配题

匹配题要求学生匹配相关的信息元素。通常，提供的可能答案比需要匹配的元素更多。表4.2包含数学、语言艺术、科学和社会学的匹配题示例。

两项单选题

两项单选题很像多项单选题。然而，这类型的题只提供两个可能的答案，学生需要从中二选一。表4.3包含数学、语言艺术、科学和社会学的两项单选题示例。

表4.1　数学、语言艺术、科学和社会学的多项单选题示例

学科	多项单选题
数学	下列哪个分数等于3/4？ A. 75/100 B. 18/64 C. 8/64 D. 3.4
语言艺术	下列哪个句子标点不正确? A. 他去商店，因为他需要牛奶。 B. 太阳很亮迈克没有太阳镜。 C. 因为停电了，所以没人能看电视了。 D. 最初，罗杰想参军，而不是上大学。
科学	以下哪一项是关于金星的准确陈述? A. 它主要由二氧化碳组成。 B. 它被厚厚的硫酸云包围着。 C. 人们认为，金星上曾有液态水，但已经全部沸腾蒸发了。 D. 它被星环围绕着。
社会学	移民的最佳定义是： A. 来到一个新国家永久定居。 B. 从一个社区搬到另一个社区。 C. 开车经过一个州到达另一个州。 D. 从一个国家旅行到另一个国家度假。

表4.2　数学、语言艺术、科学和社会学的匹配题示例

学科	匹配题
数学	将左侧所列各项与右侧最能描述它的项目相匹配。 A. 0.006 = _______　　1. 九千又十分之一 B. 2.3 = _______　　2. 千分之六 C. 9000.10 = _______　　3. 六千 D. 62.75 = _______　　4. 九百 5. 二又十分之三 6. 六十二又百分之七十五
语言艺术	将下列短语与它们展示的文学技巧相匹配。 A. 这个背包有一吨重。 B. 她告诉汤米坦克接管了塔玛伦。 C. 他的眼睛像科特斯海一样蓝。 D. 猫说“喵”，而狗说“汪”。 1. 拟声词　　5. 头韵 2. 夸张　　6. 五步抑扬格 3. 暗喻　　7. 明喻 4. 延伸隐喻　　8. 谐音
科学	将大脑各部分与其基本功能相匹配。 1. 额叶　　A. 平衡 2. 枕叶　　B. 记忆 3. 颞叶　　C. 触摸 4. 顶叶　　D. 疼痛 E. 动作的协调 F. 视力
社会学	将左侧所列州与右侧所列的著名地标相匹配。 1. 哥伦比亚特区　　A. 阿拉莫教堂 2. 亚利桑那州　　B. 五角大楼 3. 南达科他州　　C. 白宫 4. 得克萨斯州　　D. 拉什莫尔山 E. 大沼泽地 F. 大峡谷

表4.3　数学、语言艺术、科学和社会学的两项单选题示例

学科	两项单选题
数学	在数轴上，负数7的位置： A. 在零的右侧 B. 在零的左侧

续表

学科	两项单选题
语言艺术	"Sally sold seashells"是一个__________的例子。 A. 夸张 B. 头韵
科学	光合作用是植物__________的过程。 A. 吸收营养 B. 繁殖
社会学	进入一个新国家，打算以此为家叫作： A. 移居入境 B. 移居境外

判断正误题

判断正误题要求学生确定陈述是否正确（真或假）。表4.4包含数学、语言艺术、科学和社会学的判断正误题示例。

多选题

多选题就像多项单选题。然而，不止一个选项可能是正确的。表4.5包含数学、语言艺术、科学和社会学的多选题示例。

表4.4 数学、语言艺术、科学和社会学的判断正误题示例

学科	判断正误题
数学	__________任意两条线相交产生四个45度角。
语言艺术	__________引号用于疑问句末尾。
科学	__________原子由原子核及其周围质子组成。
社会学	__________在中世纪，圣殿骑士团是一个神圣的骑士团，承诺为病人服务，保护圣地。

表4.5 数学、语言艺术、科学和社会学的多选题示例

学科	多选题
数学	在有体积的形状旁打钩。 __________圆形 __________立方体 __________正方形 __________球体 __________八角形 __________棱柱体
语言艺术	下列哪些词正确表示英文语境下的人称所有格? A. Margare'ts B. Rudy's C. Caroline's D. Erinns E. Hers F. Their G. Them
科学	以下哪个是观察的例子? A. 我们相信鹦鹉在自我认知测试中会比乌鸦表现得更好。 B. 狼成群结队地跑。 C. 观察公园里的人们，大人和小孩似乎都对瘦人比对胖人更友好。 D. 从这些结果我们可以得出结论，年轻人倾向于住在城市，而老年人倾向于住在农村地区。 E. 在某一天早上7:00到8:00之间，在某一家咖啡店点咖啡的所有人中，有73人点了某种拿铁。 F. 以上说法都不是观察。
社会学	在所有能在司法部门找到的职位前打钩。 __________美国总统 __________参议员 __________最高法院法官 __________国务卿 __________州长

填空题

填空题要求学生提供一个符合特定短语或句子意思的答案。由于这些题不要求学生选择答案，因此从理论上讲，它们不是选择题，最好将它们归类为“填空题”。但它们确实需要学生给出一个正确的回答。因此，它们

与本节的其他题型相似。表4.6包含了数学、语言艺术、科学和社会学的填空题示例。

表4.6　数学、语言艺术、科学和社会学的填空题示例

学科	填空题
数学	分子大于分母的分数是________分数。
语言艺术	一种使用三节四行诗和一节双韵体的诗歌形式叫作________。
科学	只吃植物的动物叫作________，只吃肉的动物叫作________，既吃植物又吃肉的动物叫作________。
社会学	________是第一个担任民选职位的非裔美国人。

练习4.1

设计选择答案评价题

练习4.1提供了一些设计选择答案评价题的练习（参见第177页获取答案）。

以下内容来自不同的学科领域，同时提供了一个具体的评价题型。你的任务是为这些不同学科的内容设计指定的题型，然后将你的回答与相应答案页上提供的答案进行比较。例如，假设给你语言艺术学科中以下内容，要求设计一道多项单选题：

语文——多项单选题：

在阅读文章，试图理解遇到的生词的意思时，学生应使用下列方法之一：

1. 看这个生词的前缀和后缀，问问自己，什么单词有同样的前缀和后缀，在这里讲得通。

2. 想一个在句子中有意义的词，即使你知道这个词不是你想弄明白的那个词。

3. 查阅字典。

然后，你编写一道多项单选题：

当你阅读文章遇到一个不认识的单词时，最好不做下面哪一件事？

A. 在你弄明白这个词之前，不要再往下读了。

B. 查阅字典。

C. 试着想出任何一个单词，它在出现生词的句子中是讲得通的。

D. 看这个生词的前缀和后缀，试着想出一个熟悉的单词，这个词和生词有相同的前缀和后缀。

科学——多项单选题：

你正在教科学课的一个单元，是关于动物界，你需要为即将进行的评价设计一个多项单选题，涉及以下信息：

生物上有五个界：动物界、植物界、原生生物界、真菌界和原核生物界。人类属于动物界。

社会学——匹配题：

你正在教社会学课的一个单元，是关于第二次世界大战，你需要为即将进行的评价设计一个匹配题，涉及以下信息：

诺曼底登陆日是1944年6月6日；杜鲁门于1945年4月12日就任总统；希特勒于1945年4月30日自杀；1945年8月6日轰炸广岛；1945年8月9日轰炸长崎。

数学——两项单选题：

你正在教数学课的一个单元，是关于二次方程，你需要为即将进行的评价设计一个两项单选题，涉及以下信息：

二次方程的公式是$ax^2+bx+c=0$。

体育——多选题：

你正在教体育课的一个单元——篮球，你需要为即将到来的评价设计一个多选题，涉及以下信息：

篮球运动中的犯规主要有侵人犯规，撞人犯规，阻挡犯规，严重犯规，故意犯规和技术犯规等。

艺术——判断正误题：

你正在教艺术课的一个单元，以表演艺术为主，你需要为即将进行的评价设计一个判断正误题，涉及以下信息：

即兴表演是改善舞台表现最有效的技巧之一。

健康——填空题：

你正在教健康课的一个单元——营养知识，你需要为即将进行的评价设计一个填空题，涉及以下信息：

人体使用ATP进行突然的、强有力的运动，这样的运动需要几秒钟强大的力量，一旦ATP消耗完，身体主要使用三种来源补充：脂肪、碳水化合物和蛋白质。

介入性评价中的简答题

简答题要求学生构思一个正确的答案，而不是识别一个答案（如选择题的情况）。从这个意义上讲，它们比选择题更难。选择题要么选对了，要么选错了。而简答题从完全不正确到完全正确有不同的程度。当然，量化完全正确和完全不正确之间的间隔是此类题目评分的难点。

以下是数学、语言艺术、科学和社会学的简答题。

- **数学：**解释求金字塔体积的必要步骤。
- **语言艺术：**阅读本文你发现了哪些说服技巧？描述它们是否有效，在你的回答中使用具体的例子。
- **科学：**简要解释昼夜节律的概念及其重要性。
- **社会学：**简要解释苏珊·B. 安东尼的主要成就。

结合选择题和简答题

设计介入性评价最常见的方法之一是将选择题与简答题结合起来。通常情况下，选择题涉及2.0分内容，而简答题涉及3.0分和4.0分的内容。表4.7用计算机技术评价来说明这种方法。

表4.7 计算机技术评价

第一部分
1. Microsoft Word 最适合平面设计项目。 对 错 2. 如果你想进行数学计算或创建数据电子表格，________是最好用的程序之一。 3. 计算机的内存容量是硬件的一个例子。 对 错 4. 要和其他州的人连线进行视频会议，你需要： A. 一个电子邮件地址 B. 一个身份证住址 C. 一个网络协议地址（IP地址） D. 以上各项均不对 5. 以下哪一项是较大的存储单元? A. 千兆字节 B. 兆字节

续表

第二部分
6. 简要讨论你可以做哪两件事来确保你在互联网上提供的信息不会与任何人共享？
7. 如果你使用了Microsoft Word的拼写检查和语法检查功能，你还需要编辑和校对自己的作品吗？为什么？或为什么不？
8. 简要描述在Microsoft Word文档中插入三维形状（如圆柱体）的步骤。
第三部分
9. 在我们学过的病毒防护软件中，挑选一个你认为问题或缺点最多的。请简要描述你认为这项技术的主要缺点，并提出更好的替代方案。
10. 想想你使用电脑的所有方式。如果这项技术消失了，什么会取代它？你认为你的生活会有什么变化，是好的变化还是坏的变化？为什么？

如表4.7所示，本评价的第一部分由一系列选择题组成，涉及2.0分内容。第二和第三部分由简答题组成。它们分别涉及3.0分和4.0分的内容。为了给这项评价打分，教师将按照第3章所述检查学生的回答模式。例如，假设一个学生正确回答了第一部分所有5道选择题，这表明该学生已经掌握了2.0分要求的内容。

再说一遍，选择题很容易评分。它们要么正确，要么不正确。简答题的情况并非如此。它们需要教师的判断，这意味着他或她必须制定一个方案来评判记录学生回答简答题的正确程度。例如，使用以下这种方案，教师将学生对每道题的回答编码为C、I或P。

- C = 完全正确（Totally correct）
- I = 不正确（Incorrect）
- P = 部分正确（Partially correct）

另一种编码方案是：

- C = 完全正确
- I = 不正确
- LP = 部分内容掌握程度低（Low partial credit）
- HP = 部分内容掌握程度高（High partial credit）

在对每道题进行编码后，教师将检查回答模式，并在量表上分配分数。例如，假设一名学生在表4.7所示10道题的评价中表现出表4.8中描述的回答模式。

表4.8　一名学生的回答模式

部分	题号	题目编码	量表分值
一	1	C	2.0
	2	C	2.0
	3	C	2.0
	4	C	2.0
	5	C	2.0
二	6	HP	3.0
	7	C	3.0
	8	LP	3.0
三	9	I	4.0
	10	I	4.0

显然，表4.8中描述的学生已经掌握了2.0分要求的内容，因为与该量表分值相关的题目（第一部分）回答正确。此外，很明显，该学生没有达到4.0分的水平，因为没有一个4.0分的题目（第三部分）回答正确。那么，

问题是确定学生在2.0分和3.0分之间的位置。学生正确回答了一个3.0分的问题（第7题），大部分正确回答了一个3.0分的问题（第6题），以及少部分正确回答了一个3.0分的问题（第8题）。鉴于这种模式，教师需要做出判断，来确定学生应得的量表分数。如果使用半分间隔的量表，判断可能会相当简单——学生将得到2.5分。如果教师采用三分之一间隔的量表，那么教师必须确定学生最合适的分数是2.33分（表示对3.0分部分内容的掌握程度低）还是2.67分（表示对3.0分部分内容的掌握程度高）。鉴于表4.8中描述的3.0分题目的回答模式，给该生评2.67分是合理的。

有时，学生会在某次评价中表现出不均衡的回答模式。举例来说，请思考表4.9。

表4.9　不均衡的回答模式

部分	题号	题目编码	量表分值
一	1 2 3 4 5	C I C I C	2.0 2.0 2.0 2.0 2.0
二	6 7 8	C HP C	3.0 3.0 3.0
三	9 10	I I	4.0 4.0

在表4.9中，学生答对了3.0分的所有问题，或者部分内容掌握程度高。这表明得分为2.5分（如果使用半分制）或2.67分（如果使用三分之一间隔的量表）。然而，学生错误地回答了五个2.0分题目中的两个。从逻辑上讲，这种模式不应该出现。不幸的是，在课堂评价的现实世界中，这种模式确

实会发生。它们也出现在各州统考和标准化测试中。像这样的模式被称为“异常模式”。每年，测试发布者都会仔细检查自己测试中的答题模式，以识别和纠正“异常题目”。他们可能会从列表中删除题目、更改题目或将题目重新分类。

异常模式的发生有多种原因，包括：

- 为特定量表分值编写的题目在某些方面存在缺陷。
- 学生们努力回答一些问题，其他问题没有那么用心。
- 教师对学生回答的评价不准确。

教师可以做许多事情来解决异常回答模式的问题，包括：

- 忽略可能会出现异常的题目。
- 与表现出这种模式的个别学生会面，并要求他们协调这样的问题。
- 根据全班的回答，将该题目重新分类，归入更高或更低的量表分数项下。

介入性评价中的论述题

论述题要求学生对问题或提示构思一个详细的答案。最常见的情况是，回答以论文（essay）的形式出现。根据马克·杜姆的说法，论文是公共教育中最早使用的评价形式之一。马扎诺提供了以下这个论述题的例子，可以用于使用第3章提出的量表评价学生。

1858年，亚伯拉罕·林肯和斯蒂芬·道格拉斯为竞选伊利诺伊州的参议员席位展开辩论。这里提供了每位辩手所说的一部分内容。阅读道格拉斯和林肯的观点，然后回答以下每个问题：

1. 道格拉斯提到林肯在斯普林菲尔德的一次演讲。道格拉斯指的是什么演讲?

2. 道格拉斯所说的“共和国从1789年至今一直存在，分为自由州和蓄奴州”是什么意思?

3. 在课堂上，我们讨论过这样一个概括归纳：每一个合乎情理的命题，都有一个合乎情理的相反命题。解释林肯与道格拉斯的辩论如何体现了这一概括归纳。

4. 找出一个让你想起林肯与道格拉斯辩论的现代情境。请解释辩论和该现代情境有什么相似和不同之处。

这个任务附有林肯与道格拉斯辩论的摘录，如表4.10所示。

通常，论述题用于评价更复杂的内容——3.0分和4.0分的内容。直观来看，这很有道理。因为更复杂的信息需要更详细的解释。然而，如表4.10附带的论述题说明所示，论述题的任务也可以设计成针对2.0分的内容。

具体来说，论述题的前两个问题涉及2.0分的内容——在本例中，一个是关于林肯的“众议院分裂”演讲的事实信息，另一个事实信息是直到内战之前美利坚合众国内分为两个群体：有奴隶的州和没有奴隶的州。如果一个学生很好地回答了论述题的这两个题目，就表明他或她已经掌握了2.0分的内容。论述题任务中的第三个问题涉及3.0分的内容，因为它要求学生解释并举例说明课堂上提出的一个概括归纳。最后，论述题任务中的第四个问题涉及4.0分的内容，因为它要求学生掌握的知识要比课堂上教授的内容更多。

为了给学生的论述题打分，教师会按照前面所述对每个部分进行编码。前2个问题涉及2.0分的内容。如果学生对这些问题的回答令人满意，教师会为两个回答各记一个C（正确）。这表明该学生掌握了2.0分要求的内容。第3个问题涉及3.0分的内容。同样，如果学生对这个问题的回答令人满意，教师会将答案编码为C（正确）。这表明该学生掌握了3.0分要求的内容。问题4涉及4.0分的内容。如果学生对这个问题的部分回答令人满意，教师会将答案编码为P（部分正确）。从回答的方式来看，老师整体会给3.5分。

表4.10　林肯与道格拉斯的辩论摘录

斯蒂芬·道格拉斯
在他获得一致提名的代表大会之前，林肯先生在斯普林菲尔德的演讲中告诉大家： “一座裂开的房子是站立不住的。” “我认为这个政府不能永远保持半奴隶半自由的状态。” “我不期望联邦解体，我不期望这座房子倒塌，但我确实期望它停止分裂。” “它要么全部变成这种东西，要么全部变成另一种东西。” 这是他竞选活动的基本原则。算了，我想当你们仔细审查他的主张，看到它的后果，你们一个字也不会相信。尽管共和国从1789年至今一直存在，并且分为自由州和蓄奴州，但他告诉我们，除非所有的州都成为自由州，或者所有的州都成为蓄奴州，否则未来它不能持久，为此，他说……
亚伯拉罕·林肯
道格拉斯法官对我最近在斯普林菲尔德的演讲提出了两点看法。他说这将是我竞选活动的议题。他的第一点是基于我在斯普林菲尔德演讲中的语言，我相信凭记忆我还可以准确地进行复述。我在那里说，“我们执行一项政策已经五个年头了，这项政策公开宣布了目标，并充满信心地作出承诺，要结束奴隶制问题引起的动荡不安。在执行过程中，动荡的局面非但没有平息下来，反而不断加剧。依我看，要到一场危机终于降临并过去以后，动荡才会平息。‘一座裂开的房子是站立不住的。我认为这个政府不能永远保持半奴隶半自由的状态。我不期望联邦解体，我不期望这座房子倒塌，但我确实期望它停止分裂。它要么全部变成这种东西，要么全部变成另一种东西。’——我在引用我的演讲——要么反对奴隶制的人制止奴隶制的进一步扩大，并使公众相信它正处于最终消灭的过程中；要么拥护奴隶制的人把它向前推进，直到它在所有的州里，无论北部还是南部，都变得同样合法”……

下面是另一个涉及2.0分、3.0分和4.0分内容的论述题示例。该例来自艺术课。

阅读上面的文章并研究所提供的图片，然后回答以下问题：

1. 这篇文章是关于哪位艺术家，他或她因何艺术创作形式而闻名？

2. 这位艺术家在哪个国家，在什么时期工作？

3. 这位艺术家作品的独特元素是什么，人们最初的反应是什么？

4. 将这位艺术家的作品与我们研究过的一位其他艺术家的作品进行比较。你认为哪位艺术家更胜一筹，为什么？

同样，请注意，这道论述题说明涉及2.0分、3.0分和4.0分的内容。第1题和第2题涉及事实信息（2.0分内容）。第3题要求学生描述艺术家作品的独特之处（3.0分内容）。第4题要求学生超越对艺术家作品的分析，并将其与其他艺术家的作品进行比较（4.0分内容）。

介入性评价中的口头回答

通常，可以通过书面回答进行评价的大部分内容也可以通过口头回答进行评价。然而，许多时候，口头回答被用来提供教学反馈，而不是形成性分数。简短的口头回答尤其如此。我们在第2章中简要讨论了这一点。

再举一例来说明，教师可能会准备一系列判断正误题和多项单选题，在展示新内容时，向学生提问。在展示过程中，教师可能会定期在PowerPoint幻灯片上显示其中一个问题，并要求学生口头回答。假设第一个问题是一个有a、b、c和d选项的多项单选题，正确答案是d。一些学生可能会举手，表示他们知道正确答案。教师会叫一个学生，他说答案是a，此时教师并不揭晓答案是对还是错，而是要求该学生解释为什么他或她认为其答案是正确的。然后，教师会叫另一个学生，他认为正确答案是a以外的一个答案。同样，该学生也会被要求解释他或她的答案。教师会不断询问学生的回答，最终公布正确的答案。学生的回答不会被评分或记录。

正如我们在第2章中看到的，当评价没有评分或记录时，它们被称为教学反馈，帮助学生和教师了解哪些内容已经掌握，哪些内容还没有被掌握。如本例所示，简短的口头回答是教学反馈的完美载体。当口头回答被用来生成形成性分数时，通常采取两种形式之一：正式口头报告或探查性讨论。

正式口头报告

口头报告已使用多年。可以将其比作论文，因为学生在提交最终产品之前，要修订多份草稿。此外，人们对如何展示口头报告有一定的期望，就像对如何撰写论文以及如何编辑其格式有期望一样。为了说明涉及口头报告的任务，请思考以下语言艺术课的例子：

> 我们一直在学习“垮掉一代”的诗人和散文作家。选择一位我们学过的作家，进行独立研究，在10分钟到15分钟的口头报告中回答下列问题。
>
> 1. 你选择的作家是诗人还是散文作家，人们普遍认为他或她最好的作品是什么?
>
> 2. 选择“垮掉一代”的两个决定性的风格或主题特征，并描述这些特征在你所选作家的作品中出现的方式和位置。请使用具体例子。
>
> 3. 在你所选作家的作品中，有没有什么决定性风格或主题特征不符合“垮掉一代”的传统范围? 请用具体的例子描述它们。
>
> 4. 你认为这位作家的作品如何影响了今天的艺术或流行文化? 讨论具体例子。

请注意，口头报告的说明指定了学生必须陈述的内容。第1题和第2题涉及2.0分的内容，第3题涉及3.0分的内容，第4题涉及4.0分的内容。借助于精心编写的量表，教师可以给编入任务中的各个级别的内容评分。

探查性讨论

探查性讨论是最给力的口头评价形式之一。教师与某个学生进行一对一的会面，要求他或她解释或演示一些东西。例如，在一个关于自然界发现的生物关系的单元中，一位中学科学教师可能会坐在一名学生旁边，请她解释互利共生、共生关系和偏利共生之间的异同。当学生解释这些概念时，教师会提出一些探查性的问题，帮助澄清她知道什么和不知道什么。为这一内容设计的量表将指导教师应该问哪些类型的问题，以确定最准确地代表学生在该时刻对知识掌握程度的量表分数。

再举一例，一位小学教师，他已向学生介绍了读一本书之前预读的方法，包括以下内容：

- 看封面，思考这本书可能是关于什么的
- 浏览图片
- 提出一些你想在阅读这本书时回答的问题

在向学生介绍这个方法并让他们练习之后，教师坐在某个学生旁边，请他用自己选定的书来应用这个预读方法。当学生应用方法时，教师问他为什么要做某些事情。专门为这种阅读方法创建的量表指导教师根据学生的回答给他评分。下面是探查性讨论的其他示例。

社会学：在学习巴拿马运河时，一名教师请一个学生参与讨论。她问了一些探查性的问题，旨在了解学生是否了解运河的基本情况，例如它有多长，何时完工，以及它今天主要用于什么用途（2.0分内容）。然后，她要求学生讨论建造运河的主要原因，以及在建造过程中遇到的主要困难（3.0分内容）。最后，她要求学生将巴拿马运河项目与类似规模的项目进行比较（4.0分内容）。

科学：在一个关于牛顿运动定律的应用的单元中，一位教师邀请一名学生参与讨论。他首先要求学生按顺序陈述三大定律（2.0分内容）。接下来，他要求学生描述一个简单的场景，展示一条或多条正在起作用的定律（3.0分内容）。最后，他要求学生找出牛顿运动定律与早期物理学家的理论之间的异同，如伽利略和亚里士多德（4.0分内容）。

数学：在数据分析单元中，教师邀请学生讨论一个数据图表样本。她要求学生说出图表的名称，并对其所代表的数据类型进行一般性描述（2.0分内容）。然后，她要求学生讨论在真实环境中显示的数据（3.0分内容）。最后，她要求学生考虑显示相同数据的另一种方式，并讨论替代方式是否更好（4.0分内容）。

介入性评价中的演示

演示通常与技能、方法和执行过程一起使用。每个学科领域都包含适合演示的内容，尽管一些学科领域比其他学科领域更强调技能、方法和执行过程。表4.11列出了一些学科领域的内容，通过演示可以很容易地对这些内容进行评价。

表4.11 适合演示的学科领域内容

学科领域	可通过演示进行评价的内容
语言艺术	• 在作文中运用说服技巧 • 在创意写作中运用文学手段
数学	• 计算集中趋势指标 • 数据显示分析 • 长度、重量和温度的测量
科学	• 假设的形成和检验 • 记录相关观察结果
社会学	• 使用地图图例收集信息
体育	• 在体育活动中协调手和脚的动作 • 在体育活动中展示团队合作精神
艺术	• 塑造一个戏剧角色 • 调色和涂色
计算机技术	• 在Excel中创建一份数据显示 • 使用拼写检查和语法检查

演示任务相对容易构建。教师只是要求学生使用技能、方法或执行过程。例如，一名计算机技术教师可能会要求学生演示拼写检查和语法检查的正确用法。体育教师可能会要求学生打几分钟篮球，展示课堂上提到的团队合作策略。

在学生使用技能、方法进行思维活动（而不是肢体活动）的情况下，教师可能需要让学生解释他们在想什么，即进行“有声思维”或“可见的学习”。例如，一位语言艺术教师要求一名学生写几个句子，在这几个句子里学生使用了一种特定的文学手段。当学生完成了一组句子时，教师要求他解释他在造句时的想法。当要求学生在使用技能、方法或执行过程的时候进行“有声思维”时，演示任务与探查性讨论具有相同的基本特征。

在任何情况下，给一次评价评分的容易程度有所不同，这取决于已构建的量表有多具体。为演示构建的量表必须明确包含评分2.0分、3.0分和4.0分内容的预期行为。表4.12描述了打垒球的量表。

表4.12　评价垒球击打表现的量表

分数	描述
4.0分	学生挥球棒能够适应不同的投球速度
3.5分	除了3.0分表现外，4.0分内容部分掌握
3.0分	当球大约到达本垒板的一半时，学生开始转动髋关节，眼睛盯着球，挥杆时不会放下后肘
2.5分	2.0分内容无重大错误或遗漏，3.0分内容部分掌握
2.0分	学生能够取预备站姿，双脚分开约与肩同宽，后肘向上，球棒垂直于地面
1.5分	2.0分内容部分掌握，但3.0分内容有重大错误或遗漏
1.0分	在帮助下，2.0分内容和3.0分内容部分掌握
0.5分	在帮助下，2.0分内容部分掌握，但3.0分内容没有掌握
0分	即使有帮助，也毫无成效

请注意，表4.12描述了2.0分、3.0分和4.0分的具体行为。由于这些行为在量表上得到了明确的阐述，对学生的演示进行评分应该相当简单。

练习4.2

设计论述题和演示任务

练习4.2提供了一些设计论述题和演示任务的练习（参见第179页获取答案）。

以下是三个不同学科领域的理想学习目标。选择其中一个学科领域，并在提供的空白处设计一道论述题或一个演示任务，用于该内容的一次评价。例如，如果你选择了为科学课指定的内容，你需要决定论述题和演示任务哪个更适合该学习目标，然后据此设计一道评价题。

对于每项任务，确保你的题目说明要求学生展示他们对理想学习目标（3.0分内容）、更简单的内容（2.0分内容）和更复杂的内容（4.0分内容）的理解。完成后，将你的答案与相应答案页上提供的答案进行比较。

数学学习目标：学生能够在标准和非标准测量系统之间进行转换。

科学学习目标：学生能够讨论水循环及其各个阶段。

社会学学习目标：学生能够描述南北战争中一场关键战役中的事件，并解释为什么北部联邦或南部联盟是胜利者。

论述题任务：

____

____

演示任务：

____

____

非介入性评价

与演示的情况一样，非介入性评价最容易应用于技能、方法和执行过程。这是因为技能、方法和过程通常涉及做一些可以观察到的事情。因此，教师可能会“捕捉到”学生在自然情境中使用技能、方法和执行过程。例如，思考一下打垒球的身体技能。体育教师可能会观察到一个学生在课间休息时打垒球，并将这一观察记录为形成性分数。类似地，艺术教师可能会观察到一个学生在课堂上运用某种绘画技巧，并将这一观察记录为形成性分数。

前面的两个例子都涉及身体技能过程，因为它们很容易观察，所以易于进行非介入性评价。但思维过程很难观察。比如，假设一名教师已经教过某个决策方法。他就很难非介入性地观察学生执行决策的步骤。通常情况下，教师必须向学生提问，来确定他或她的思维过程。实际上，这就使评价成为一种探查性的讨论。以下是来自不同学科领域的非介入性评价的示例。

语言艺术：在一位嘉宾演讲时，一位教师注意到，一名学生正在使用最近所教的记笔记技巧来记下演讲者的主要观点。同时他也在记下自己的疑问。教师认为这展示了一个3.0分的学习目标，并将分数登记在成绩簿上。

数学：一位小学教师正在观察午餐队伍，这时他注意到他的一个学生在排队等着为自己的午餐买单。教师看到，学生看着她要买的三样东西的价格标签，从她的书包里拿出钱，正是该付的数额。他认为这展示了一个3.0分的心算学习目标，并将分数登记在成绩簿上。

科学：当学生独立进行实验时，教师会注意到哪些学生正确使用了工作站设置的安全设备。教师将这些分数登记在成绩簿中，证明这些学生达到了遵循安全程序的学习目标。

社会学：一位志愿担任辩论教练的社会学教师注意到，他的一名学生选择了一个关于时事的话题。他发现学生在辩论中提供了关于该主题的准确和相关的信息，而这展示了一个3.0分的时事学习目标。

体育：在野外活动日，一位教师注意到一个学生在和他的朋友玩扔鸡蛋游戏。他展示了正确的下手投掷技术，他的瞄准比教师在课堂上看到的要好得多。教师把提高的分数记在成绩单上。

艺术：一位唱诗班教师注意到他的两个学生放学后和他们的乐队一起在音乐室练习。一个学生用吉他开始演奏一首曲子，另一个人听了一会儿，加入了低音提琴的演奏。教师认为这展示了即兴创作学习目标的3.0分，并记录了两个学生的分数。

计算机技术：在一个选定主题的PowerPoint演示过程中，教师注意到一个学生在使用幻灯片时遇到了问题。她看到学生成功地解决了问题，并继续进行演示。教师认为这展示了流畅使用软件程序的学习目标的4.0分，并将分数记录在成绩簿中。

学生自主评价

也许最强大也最未得到充分利用的评价类型是学生自主评价。顾名思义，在这种类型的评价中，学生提出任务来展示他们对特定主题的了解。举例来说，一个小学语言艺术学生提出他提交下面的作业，来表明他在一个阅读理解主题量表上的得分已经从2.0分提高到3.0分。

> 现在我在文学元素的学习中得了2.0分，我想提高到3.0分。我想我会选择一个我们读过的故事，展示改变一个元素会如何影响其他元素。例如，我将解释仅仅改变一个性格特征如何影响故事的走向，以及改变背景会如何影响情节。通过展示所有元素如何协同工作，我想我可以证明我对文学元素目标的理解达到3.0分。

在一堂中学科学课上，一名学生提出以下任务，以表明她在关于地圈主题的量表上已经从3.0分上升到4.0分。

> 现在，关于地圈岩石和矿物的学习中我得了3.0分。我想我可

以通过展示我们已经学习的“地球系统”如何作为一个巨大系统的一部分与其他系统相互作用，来证明我应该得到4.0分。我将展示水圈（hydrosphere）的变化（我们上学期学过的）如何影响地圈（geosphere）的过程——尤其是我们一直在学习的岩石循环。

以下是来自其他学科领域的示例：

语言艺术：一位小学生提出放学后和教师一起做一个口头拼写小测，以证明他在拼写学习中能够得到3.0分。

数学：为了证明在线性方程绘图中得到3.0分，一个学生提出她可以求解教科书练习部分的方程并绘图。

科学：一名学生希望展示自己掌握了物理科学中可燃性学习4.0分的内容，他提出他会带来一段他父亲拥有的视频短片《兴登堡号》，并逐步解释爆炸的原因。

社会研究：为了证明自己掌握了美国历史学习中民权运动3.0分的内容，一名学生提出创建一个包括当时主要事件的时间线。此外，她认为，在创建时间线后，她可以与教师坐下来讨论一个事件如何影响另一个事件，以及这个因果链如何造就了一次运动的势头。

体育：一名学生给教师带来了他妈妈上周末拍摄的他的足球比赛录像。他想用视频向教师展示自己运动员风范的提高，这是这个学生一整年都在努力实现的学习目标。他认为，如果教师看到他在团队落后时鼓励自己的队友，并在另一支球队获胜时祝贺他们的球员，教师会认为这展示了他已经达到了3.0分的学习目标。

艺术：一名学生向她的艺术教师展示她的一个写生簿，上面是她一直坚持独立完成的写生作品。她认为，她在作品中使用的透视法，达到了3.0分的学习目标。

计算机技术： 一名学生想要证明自己在熟练使用软件程序上3.0分的能力，他提出带来一张自己用Photoshop制作的照片，并一步步解释他是如何制作照片的。

练习4.3

复习题

练习4.3为本章提供了复习题（参见第180页获取答案）。

以下问题涉及本章很多重要内容。回答每一个问题，然后将你的答案与相应答案页上提供的答案进行比较。

1. 通常情况下，如何用选择题和简答题来设计一个针对2.0分、3.0分和4.0分内容的笔试?

2. 解释如果学生在针对2.0分、3.0分和4.0分内容的评价中表现出异常回答模式，你会怎么做。

3. 解释为什么一个精心构建的量表对于给演示和非介入性观察评分至关重要。

小结

本章首先介绍了如何通过组合使用选择题、简答题和论述题来设计介入性评价。选择题通常针对2.0分的内容，因为它要求学生识别正确的信息。选择题包括以下类型：多项单选题、匹配题、两项单选题、判断正误题、多选题和填空题。简答题通常针对3.0分和4.0分的内容，要求学生回忆呈现过的信息并独立构思一个回答。论述题通常以论文的形式出现，可以涉及2.0分、3.0分和4.0分的内容。由于简答题和论述题允许半分等级，所以还可以设计一个记录学生精确回答模式的编码方案。口头报告、探查性讨论和演示也可以用于介入性评价。非介入性评价最容易应用于技能、方法和过程。希望从量表的一个级别进步到下一个级别的学生通常采用学生自主评价。

Chapter 5

第5章　跟踪学生的进步

在第2章中，我们看到，随着时间的推移跟踪学生的进步，是形成性评价过程的一个典型特征。本章描述了跟踪学生进步的四种基本方法，它们各有特色，各有利弊。一名教师是否使用一种方法而不是另一种方法，通常取决于教师的风格和理念，也取决于正在学习的内容。一个教师可能会在一个特定的单元中使用一种方法，因为它适合该单元的内容；出于同样的原因，他或她可能会在另一个单元使用不同的方法。

方法1：在评分期结束时给出总结性分数

跟踪学生进步的一种方法是从一开始就设计出评价，其中包括评价量表中的所有等级。例如，一位正在教“比例”这一单元的数学教师，设计并实施评价。这些评价中包含关于量表中分值为2.0分、3.0分和4.0分的问题。从第一次评价开始，学生就可以获得量表上所有分值的分数——在第一次评价中，学生可以获得低至0分，高至4.0分的分数。当然，在一个单元开始时，许多学生可能无法回答3.0分和4.0分的题目，因为这些内容尚未教授。但是，有些学生可能能够回答2.0分的题目，因为这些题目包含的内容是学生一般背景知识的一部分。

在整个单元中，学生将使用相关的量表将他们的进步绘制成图。图5.1描述了这一点。图5.1所示的跟踪学生进步的方法在第2章中介绍和讨论过。在这里的例子中，记录了六个分数：第一个是在2月5日，第二个是在2月12日，依此类推。这个学生在这六次分数中的最后一次得分是3.0分。这个学生的总结性分数是3.5分。正如第2章所讨论的，教师使用六个形成性分数以及他或她从教学反馈中收集的关于学生的信息来给出总结性分数。形成性分数的平均值不应作为总结性分数，也不应将该组分数中的最后一个分数自动指定为总结性分数。当然，学生在该组分数中的最后一个分数（f列）是最终分数的一个很好的候选项，特别是最后的形成性分数是某种形式的期末考试。在图5.1中，最后的分数3.0分来自一次期末考试。如果教师认为这个分数最准确地反映了学生对于学习目标的真正理解或技能水平，就应该将其记录为总结性分数。但是从教师给出的总结性分数3.5分可以看出，教师可能使用了从教学反馈中收集到的关于学生的其他信息来判断学生对知识的真正掌握程度，而并不是通过期末考试。

学生在某一主题的形成性分数上经常表现出不均衡的模式。形成性分数的不均衡模式需要教师的特别关注。举例来说，考虑以下形成性分数的顺序：2.0分、3.0分、2.5分和2.0分。这个顺序不容易解释，因为它不是一个明显的上升趋势。这个学生以2.0分开始，以2.0分结束。在这两者之间，这个学生得到了3.0分和2.5分的分数。显然，学习没有明显的进步。出现这种模式的原因有几个。例如，该学生得到了3.0分和2.5分，可能是因为幸运。在这种情况下，2.0分可能最能代表她的总结性分数。然而，假设这组分数中的最后一个2.0分只是因为学生在进行评价时感觉不舒服，在这种

学生进步图
记录我的学习

姓名：戴恩

学习目标1：学会比例计算

我在开始时的分数：1.5分　　我的目标是：3分　　截止日期：3月30日

为了改进，我要做的具体事情：学习15分钟，每周3次

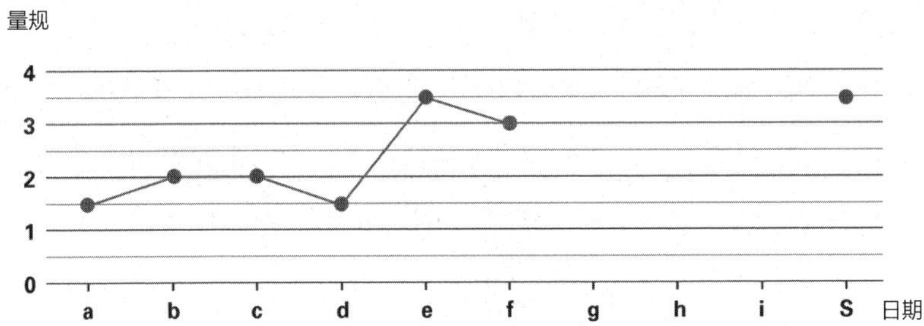

a. 2月5日　　f. 3月26日期末考试

b. 2月12日　　g. ______

c. 2月20日　　h. ______

d. 2月28日　　i. ______

e. 3月12日　　总结性分数：3.5

图5.1　描述学生进步的折线图

情况下，2.0分就低估了她的最终学习状态。

当出现不均衡的分数模式时，教师别无选择，只能从学生那里收集更多的信息。可以询问学生她认为她应该得多少分。如果学生说她应该得到

3.0的最终分数，教师会请她提出一个学生自主评价，来证明她达到了3.0分的目标。或者，教师可以让她参与一个探查性讨论，以确定她的真实状态。总之，当教师观察到形成性分数的不均衡模式时，教师应该使用其他形式的评价来收集关于学生的更多信息。

保存记录

在这个方法中，记录保存成绩与传统的方法有很大的不同。在传统的方法中，教师只是记录考试分数，而不考虑特定的考试旨在评价什么。在这个方法中，每次评价中得出的形成性分数必须与评价的学习目标一起记录下来。在本章的最后，我们探讨如何使用电子评分册来记录学生的进步。此处我们探讨书面方法。表5.1描述了方法1的书面记录保存系统。

表5.1中的每一栏都包含了学生的目标形成性分数和目标总结性分数。总结性分数放在每个单元格右下角的方框中。请注意，每一列都指定了一个字母，从A到E，用于表示与分数相关的学习目标。每个评分期的评分表都附有类似于表5.2中的评价信息表。教师用评价信息表来记录评价的实施时间以及评价所针对的学习目标。

表5.2的上半部分表明，第一个目标（目标A）要求将地球的大小和组成与其他行星的大小和组成进行比较。表5.2的下半部分表明，第一次评价在1月5日实施，针对学习目标A。第二次评价也针对学习目标A，在1月12日实施。第三次评价在1月15日实施，也是针对目标A。因此，一般来说，A列中每个学生的前三个分数代表这三次评价。如果需要两列形成性分数，则分数在每个单元格的输入顺序是从左上角到底部，然后从右上角到底部。

请看第一行第一列，这些数字代表凯瑟琳在学习目标A上的形成性分

表5.1　方法1的评分表

	目标A	目标B	目标C	目标D	目标E
凯瑟琳	1.5　2.5 1.5 2.0　2.5				
马丁	2.5 未完成 3.0　3.0				
南	3.0 3.0 3.5　3.5				
贝希	0.5 2.0 4.0　4.0				
亚历克斯	2.5　2.5 2.5 2.5　2.5				

数。请注意，第三个分数是圈起来的。这表明它不是记录在评价信息表中的教师设计的评价。相反，该分数可能是从教师与凯瑟琳的探查性讨论中得出的。在探查性讨论结束时，教师只需在评分册上输入2.0分，并在它周围画一个圈，以表明这是一项只针对该学生的评价。

表5.2　评价信息表

学习目标
目标A：学生将比较地球和其他行星的大小和组成。 目标B：学生将描述物质的物理性质和化学性质。 目标C：学生将描述物质如何在生态系统中循环。 目标D：学生将描述大气条件如压力和运动对天气模式的影响。
评价
评价1：目标A：1月5日 评价2：目标A：1月12日 评价3：目标A：1月15日 评价4：

请注意表5.1中马丁在学习目标A（第二行，第一列）上记录的“未完成”分数。马丁错过了或没有完成此评价，教师只是记录了评价的未完成状态，而不是记0分。如果一个学生错过了一项评价或者没有完成一项作业，评分册上永远不要记0分。许多评价研究人员和理论家已经在一定程度上探讨了这个问题。简而言之，如果分数不是对学生在某一特定时间点对某一特定主题的知识状况的评价，就不应该记入评分册。使用第3章提供的量表，理论上一个学生在某项评价中得到0分是可能的。0分表明，即使得到了帮助，学生也未能掌握任何内容。虽然使用量表的教师很少给学生打0分，但在一个单元开始时，给一个对主题一无所知的学生打0分是可能的。因此，给学生打0分，表示未评价或作为某种惩罚，并不代表学生的真实状态，这样做也完全不合理。

在评分期结束时，教师检查表5.1中记录的每个学生的分数模式，并决定每位学生的总结性分数。这个总结性分数记录在代表一个学生的学习目标的格子右下角的方框中。请注意贝希的最终得分。尽管在这一单元开始时，贝希的分数（0.5）非常低，但她进步很快。在这一单元结束时，教师评价她的真实分数为4.0分。如前所述，单元开始时的低分（即使是0分）不会限制学生在单元结束时获得的总结性分数。

在这种方法中，学生可以检查他们在每个学习目标上的个人进步情况。为了做到这一点，他们只需要比较自己开始时的分数和结束时的分数。在图5.1中，戴恩以1.5分开始，以3.5分结束——这之间他进步了两个整数分。

方法1的优点和缺点

本章介绍的四种方法各有其优缺点。第一种方法的优点之一是学生从单元一开始就意识到他们自己以及教师对他们的期望。因为第一次评价包含2.0分、3.0分和4.0分的题目，所以学生确切地看到了他们在本单元结束时需要掌握的内容。这种方法的另一个优点是很容易跟踪学习的进展。每个学生都有明确的起点和明确的终点——总结性分数。

这种方法的最大缺点是，当一些学生在单元的前几次评价中没有获得高分时，他们可能会担心。目前，在全国的许多课堂里（如果不是大多数课堂的话），仅仅对学生所学的内容进行评价。因此，传统的教育体系的预期是，如果学生不能在每项评价中获得高分，那么一定是出了什么问题。但在这种评价体系中，如果学生在第一次评价中得了低分，并没有什么不妥。事实上，初始分数低是很正常的，因为量表上的许多内容在单元开始时还没有学过。

学生和家长通常会担心单元开始时的低分，因为他们习惯了教师通过计算平均分来获得最终分数。正如我们已经看到的，方法1（或本章描述的任何其他方法）并非如此。相反，判定学生的最终状态，是通过观察该名学生一段时间内的表现，然后以总结性分数的形式估计其最终的真实状态。一旦学生和家长意识到单元开始时的低分不会拉低分数，他们通常会对这种方法感到满意。

方法2：逐步积累一个总结性分数

方法2的典型特征是在整个单元或评分期间记录当前的总结性分数，而不是在结束时计算总结性分数（如方法1的情况）。

在这种方法中，教师通常首先进行一个涵盖量表所有分值的评价。也就是说，教师设计一个初始评价，该评价包括2.0分、3.0分和4.0分内容的题目，对整个班级实施这个评价，此时甚至可能尚未开展任何教学。当然，这类似于方法1。

然而，在方法2中，在初始评价之后，视角发生了巨大变化。从那时起，教师采取针对个人的评价方法，大量使用学生自主评价。学生要想提高在量表上的分数，必须使教师确信自己在知识上有相应的增长。因此，教师和学生之间通常有大量互动。学生提供证据，教师和学生就这些证据进行互动，厘清学生的状况。

举例来说，假设一个学生说她将写一篇小论文来证明她已经达到了社会学学习的3.0分目标。教师阅读学生的论文，但他也可能与学生进行一个简短的讨论。在此期间他力图厘清一些问题。这种类型的对话消除了测评中的一些误差。再举一个例子，假设在初始评价中，一名学生在一个特定的学习目标上得了1.5分。评价几天后，教师坐在学生旁边，进行了一次探查性讨论。讨论的结果是，教师确信该学生至少掌握了2.0分要求的内容，并将分数记录在评分册上。他还在评分表上该学生那一栏的右边一列的恰当位置涂上阴影，对此我们将在“保存记录”中加以讨论。

在这种方法中，学生可以像以前一样将他们的进步绘制成图。图5.2描述了使用柱状图而不是折线图来绘制学生在特定学习目标上的进步。

学生进步图

记录我的学习

姓名：戴恩

学习目标1：比例计算

我在开始时的分数：1.5分　我的目标是：3.0分　截止日期：3月30日

为了改进，我要做的具体事情：学习15分钟，每周3次

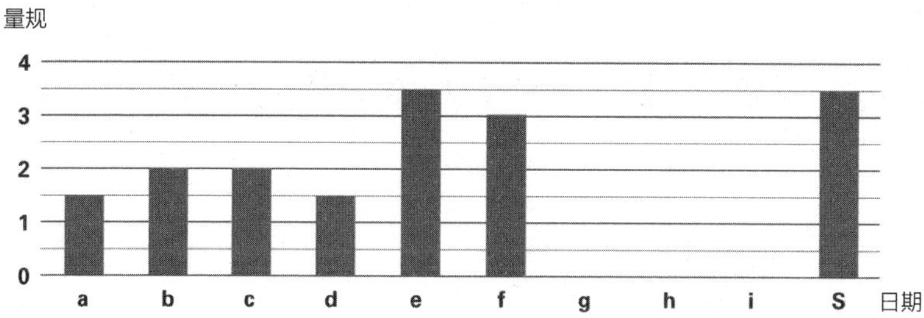

a. 2月5日　　f. 3月26日期末考试

b. 2月12日　　g. ______

c. 2月20日　　h. ______

d. 2月28日　　i. ______

e. 3月12日　　总结性分数：3.5

图5.2　描述学生进步的柱状图

保存记录

在该系统中，保存记录类似于方法1，但有一个显著区别。如前所述，在整个评分期间，每个学生在每个学习目标上的当前总结性分数都会被记录下来。而在方法1中，教师会等到评分期结束后再输入一个总结性分数。

该方法中使用的评分表如表5.3所示。虽然表5.3中的评分表与表5.1中的评分表相似，每个单元格都描述了特定学生在一个学习目标上的分数，但表5.3中每个单元格的右边都有一列，其中有四个方框，分别标记为4.0、3.0、2.0和1.0。这一栏在方法1的评分表上没有出现。当形成性分数被输入到评分表中时，教师通过在每个单元格右边栏的恰当位置给出“当前”的总结性分数。

表5.3　方法2的评分表

	目标A		目标B		目标C		目标D		目标E	
谢拉	1.5	4.0		4.0		4.0		4.0		4.0
	2.0	3.0		3.0		3.0		3.0		3.0
		2.0		2.0		2.0		2.0		2.0
		1.0		1.0		1.0		1.0		1.0
大卫	2.0	4.0		4.0		4.0		4.0		4.0
	2.5	3.0		3.0		3.0		3.0		3.0
	(3.5)	2.0		2.0		2.0		2.0		2.0
		1.0		1.0		1.0		1.0		1.0

续表

	目标A		目标B		目标C		目标D		目标E	
波克	3.0	4.0		4.0		4.0		4.0		4.0
	3.0	3.0		3.0		3.0		3.0		3.0
	3.5	2.0		2.0		2.0		2.0		2.0
		1.0		1.0		1.0		1.0		1.0
艾琳	2.5	4.0		4.0		4.0		4.0		4.0
	2.0	3.0		3.0		3.0		3.0		3.0
	2.0	2.0		2.0		2.0		2.0		2.0
		1.0		1.0		1.0		1.0		1.0
艾丽西娅	3.0	4.0		4.0		4.0		4.0		4.0
	4.0	3.0		3.0		3.0		3.0		3.0
		2.0		2.0		2.0		2.0		2.0
		1.0		1.0		1.0		1.0		1.0

举例来说，请看第一个学生谢拉和她的第一个学习目标。谢拉有两个分数：1.5分和2.0分。教师在单元格右侧的列中将阴影涂到了2.0分的位置。这表明在该时间点，教师判断谢拉处于2.0分的状态。换句话说，如果教师必须在这个时间点给出一个总结性分数，那就是2.0分。同样，教师不会简单地认为最后的形成性分数最能代表学生当前的总结性分数。相反，他或她使用所有关于学生的可用信息，包括从教学反馈中收集的信息，来计算当前的总结性分数。

再请看第二行大卫的分数。大卫有三个分数：2.0分，2.5分和3.5分。3.5分周围的圆圈表明这不是一个由教师设计和实施的介入性评价。这可能是大卫提出的学生自主评价。请注意，单元格右侧的列被填涂到4.0分的一半。这表明大卫目前的总结性分数为3.5分。

在方法2中，教师在初始评价后大量使用学生自主评价。随着形成性分数写入评分册，教师使用这些信息以及从教学反馈中收集的信息来给出当前的总结性分数。

方法2的优点和缺点

第二种方法的优势之一是它是个性化的。在初始评价之后，每个学生都被当作一个独立的案例。它将学生置于评价过程的中心，因为学生有责任提供他们进步的证据。

这种方法的最大缺点是相当耗费人力，因为教师必须经常与学生个人见面来评价他们的进步。

方法3：全班作为一个整体进步

在前两种方法中，重点放在学生个人身上。在第三种方法中，重点是将整个班级作为一个整体。也就是说，全班以大致相同的速度提高量表上的分数。此外，教师分别评价2.0分、3.0分和4.0分的内容。举例来说，假设一位教师已经为一个单元的重点学习目标设计了一个量表。他或她实施的第一次评价是在课堂上教了2.0分内容后进行的，并且只关注2.0分内容。该级别的评价可能只采用选择题，因为此题目通常用于2.0分内容（见第4章）。当然，这与方法1和方法2有很大不同，这两种方法都采用初始评价，其中包括量表中所有分值的题目。

在第三种方法中，教师继续讲授和评价2.0分内容，直到全班（或接近全班）都证明掌握了这部分内容。当教师有理由确定所有学生都已经达到或将最终达到2.0分状态时，他或她接着开始3.0分的内容。这些评价可能与以前的评价大不相同，因为它们涉及更复杂的内容。正如我们在第4章中所看到的，3.0分内容通常是使用简答题或论述题进行评价。同样，教师会等到全班作为一个整体证明掌握了内容，然后他或她会接着开始4.0分的内容。

保存记录

在这种方法中，教师采用方法1或方法2中描述的保存记录的方案之一，学生仍然记录他们在特定学习目标上的进步，如图5.1或图5.2所示。此外，在方法3中，可以跟踪整个班级的进步，如图5.3所示。

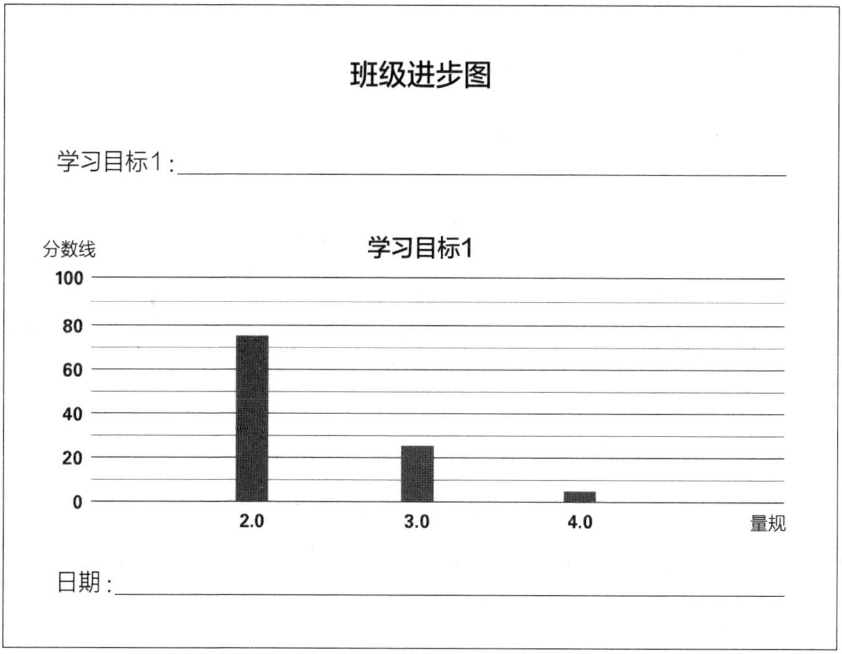

图5.3　描述全班进步的柱状图

在图5.3中，分数达到2.0分、3.0分和4.0分的学生百分比用三个独立的柱状图表示。第一个柱形表示已掌握2.0分内容的学生百分比，第二个柱形表示已掌握3.0分内容的学生百分比，依此类推。

方法3的优点和缺点

方法3的主要优势在于，对学生和家长来说，它看起来很熟悉。学生往往在所有评价中获得高分，因为只评价他们学过的内容。虽然百分制的缺点在第3章中有详细描述，但百分制可以在方法3中得到合理的使用。也就是说，在评价2.0分的内容时，教师可能会设计采用百分制的评价。他会设置一个“分数线”，代表对特定分值的内容的掌握达到了令人满意的程度。例如，对于2.0分的内容，教师可能会将某次评价的分数线定为80分。如果达到80分，则表明学生对2.0分内容的了解程度令人满意，可以开始学习3.0分的内容。

因为每个评价只关注特定分值的内容，所以题目的不同权重（见第3章）不是一个大问题。评价中的题目往往更相似，因为它们都涉及相同级别的内容。因此，百分制在这个方法中更有意义。

这种方法的一个很大的缺点是，它不能很好地解决学生个人的需求。这是因为班上的所有学生都以大致相同的速度学习目标内容，这可能会让知识掌握特别快和特别慢的学生感到沮丧。也就是说，在单元开始时已经知道高级别内容的学生可能会因为课堂进度太慢而感到沮丧。相反，在学习本单元之前不了解该单元内容的学生可能会发现课堂进度太快。因此，一些学生总是在进入下一个阶段的学习时，还没有做好准备。

方法4：全年持续改进

顾名思义，方法4允许学生在整个一年中提高任何主题的分数。为了说明这是如何开展的，假设一个五年级的语言艺术教师已经确定了这一年有以下30个学习目标。

语言：

1. 学生将使用词根、前缀和后缀来拼写和理解未知单词。

2. 学生将利用上下文线索来解读生词的意思。

3. 学生将正确使用常见的标点符号，如逗号、分号、冒号、引号、撇号和括号。

4. 学生将描述相关单词含义的细微差别。

5. 学生将描述隐喻、明喻和夸张的意义和效果。

6. 学生将恰当地使用经常误用的动词（例如，lay/lie）。

阅读：

7. 学生将描述显性主题和隐性主题。

8. 学生将描述复杂的因果关系。

9. 学生将描述复杂的时间顺序。

10. 学生将做出预测并说明预测的理由。

11. 学生将描述一篇作文的主旨，并对其目标读者做出预测。

12. 学生将识别说服技巧，诸如借助情感、借助逻辑和借助权威等，并讨论它们在特定情况下的有效性。

13. 学生将会识别论说文中的逻辑错误。

14. 学生将比较和对比不同种类的虚构写作和非虚构写作（例如，小说和短篇故事，或者传记和历史叙述）。

15. 学生将识别诗歌的典型特征，如跨行和语言节律。

写作：

16. 学生将在写作中正确地使用所有时态形式，确保时态一致，并在必要时转换时态。

17. 学生将为作文选择合适的读者群，并在整个写作过程中保持对该读者群的关注。

18. 学生将使用指定的格式写私人信函和商业信函。

19. 学生将写着重于比较/对比的说明文。

20. 学生将用统一的叙事角度写记叙文。

21. 学生将写记叙文，关注塑造人物的方式，如对话和自我描述。

22. 学生将为作文制定一个基本的大纲（例如，按时间顺序列出学生将在作文中讨论的一个重要人物的重要事件）。

23. 学生将使用规范的参考书和互联网搜索引擎来收集相关的写作信息。

24. 学生将校对自己的文稿，纠正拼写错误、句子片段和事实错误。

25. 学生们将校对文稿，确保通篇条理清晰。

口头交流：

26. 学生将使用积极的倾听技巧，如记笔记和提出问题加以澄清。

27. 学生将总结演讲者的主要观点。

28. 学生将做口头报告，注意口齿清晰、语速和眼神交流。

29. 学生将描述通过大众媒体传播信息的优点和缺点。

30. 学生将比较和对比不同的大众媒体（例如，电视、网络、广播和杂志）。

教师将为这里的每一个学习目标设计一个量表。假设在第一单元的教学中，教师针对前两个学习目标，根据方法1或方法2评出总结性分数。在下一单元，教师可能会实施接下来的两个学习目标，即目标3和目标4。然而，在第二单元期间，学生将有机会继续进行第一单元的学习，来提高他们的分数。当然，这需要在课堂上留出时间，让学生单独或分组工作，来提高他们之前达到的学习目标的分数（关于如何组织课堂以支持这一做法的讨论，请参见《学习目标和目的设计与教学》）。

在一整个学年中，教师继续以新的单元呈现新的学习目标，逐步完成30个目标。然而，在任何时间点，学生都可以提高之前学习目标的分数。大多数时候，这是通过学生自主评价来完成的。也就是说，学生提出一些方法来证明他们在特定的学习目标上可以获得更高的分数。如果教师认为学生提供的证据值得提高分数，那么学生的分数就会改变。换句话说，在任何单元中记录的总结性分数都可以在一年中不断更新，因此这种方法强调的是持续改进。

保存记录

在方法4中，学生跟踪两种类型的进步。第一种是在单元新课呈现时，他们在个人学习目标上的进步。这可以通过使用前面任何一种方法中描述的保存记录的表格来完成。

除了记录每个学习目标的进展，学生们还记录他们已经达到的目标的数量。通常情况下，得到3.0分就可以视为掌握了学习内容。预计到年底，所有学生的每项学习目标都将达到3.0分或更高（3.5分或4.0分）。因此，持续改进这个方法是以掌握为导向的。每个学生都记录了他或她在全年所有学习目标上的个人进步，目的是在每个目标上取得至少3.0分。表5.4描述了学生可以使用的保存记录的表格。

表5.4　持续进步报告表

	0	0.5	1.0	1.5	2.0	2.5	3.0	3.5	4.0
目标1：学生将使用词根、前缀和后缀来拼写和理解未知单词。									
目标2：学生将利用上下文线索来解读生词的意思。									
目标3：学生将正确使用常见的标点符号，如逗号、分号、冒号、引号、撇号和括号。									
目标4：学生将描述相关单词含义的细微差别。									
目标5：学生将描述隐喻、明喻和夸张的意义和效果。									
目标6：学生将恰当地使用经常误用的动词（例如，lay/lie）。									
目标7：学生将描述显性主题和隐性主题。									
目标8：学生将描述复杂的因果关系。									

续表

	0	0.5	1.0	1.5	2.0	2.5	3.0	3.5	4.0
目标9：学生将描述复杂的时间顺序。									
目标10：学生将做出预测并说明预测的理由。									
目标11：学生将描述一篇作文的主旨，并对其目标读者做出预测。									
目标12：学生将识别说服技巧，诸如借助情感、借助逻辑和借助权威等，并讨论它们在特定情况下的有效性。									
目标13：学生将会识别论述文中的逻辑错误。									
目标14：学生将比较和对比不同种类的虚构写作和非虚构写作（例如，小说和短篇故事，或者传记和历史叙述）。									
目标15：学生将识别诗歌的典型特征，如跨行和语言节律。									
目标16：学生将在写作中正确地使用所有时态形式，确保时态一致，并在必要时转换时态。									
目标17：学生将为作文选择合适的读者群，并在整个写作过程中保持对该读者群的关注。									
目标18：学生将使用指定的格式写私人信函和商业信函。									
目标19：学生将写着重于比较/对比的说明文。									

续表

	0	0.5	1.0	1.5	2.0	2.5	3.0	3.5	4.0
目标20：学生将用统一的叙事角度写记叙文。									
目标21：学生将写记叙文，关注塑造人物的方式，如对话和自我描述。									
目标22：学生将为作文制定一个基本的大纲（例如，按时间顺序列出学生将在作文中讨论的一个重要人物的重要事件）。									
目标23：学生将使用规范的参考书和互联网搜索引擎来收集相关的写作信息。									
目标24：学生将校对自己的文稿，纠正拼写错误、句子片段和事实错误。									
目标25：学生们将校对文稿，确保通篇条理清晰。									
目标26：学生将使用积极的倾听技巧，如记笔记和提出问题加以澄清。									
目标27：学生将总结演讲者的主要观点。									
目标28：学生将做口头报告，注意口齿清晰、语速和眼神交流。									
目标29：学生将描述通过大众媒体传播信息的优点和缺点。									
目标30：学生将比较和对比不同的大众媒体（例如，电视、网络、广播和杂志）。									

注意在表5.4中，每一行代表一个特定的学习目标。学生已经填写了整个学年要达到的30个学习目标中的17个目标的当前总结性分数。这张表大概代表了学生在学年中期的状态。剩下的13个目标将在下半年实现。随着在课堂上学习新目标，学生填写他们的总结性分数。目的是每个学生在学年结束时在所有学习目标上至少达到3.0分。

最后，重要的是要认识到，教师可能不会以一成不变的方式来处理表5.4中描述的30个学习目标。相反，教师可能会在每个季度从语言（目标1—6）、阅读（目标7—15）、写作（目标16—25）和口头交流（目标26—30）中选择学习目标来重点学习。为了便于讨论，我们按顺序呈现了30个学习目标的进度。

方法4的优点和缺点

方法4的主要优点在于它专注于一年的改进。其目的是让每个学生在每个主题上都获得3.0分或更高的分数。因此，学生可以回顾并巩固他们在整个一年中已经掌握的目标内容。正如《学习目标和目的设计与教学》一书中指出的，“大多数州标准的文件规定了应该在学年结束时掌握的内容”。这句话直接暗示了学生在一年中应该有机会提高他们在任何学习目标上的分数。方法4还允许学生按照自己的节奏学习目标内容，因为他或她也可以学习教师尚未明确教授的主题。

在这样的系统中，学生通常对自己的学习承担更多的责任。这源于这样一个事实，即学生有极大的自主空间，可以在学年中的任何时间提高任何学习目标的分数。实际上，如果学生在一年中没有在学习目标上取得相对较高的成绩，他们只能怪自己缺乏主动性。

这种方法的主要缺点是劳动强度大，因为记录是全年累积的。这种方法的另一个缺点是，它与目前的教学安排方式非常不同。在目前的体系中，一旦一个主题已经教过了，学生就很少有或没有机会来提高他们的分数了。因此，方法4是当前系统的一个巨大的转变，这可能需要一些时间适应和尝试。尽管如此，许多学生喜欢这种转变，因为它提供了更多的机会来推进他们的学习，而不是惩罚他们学得慢。

练习5.1

用四种方法记录成绩

练习5.1提供了一些记录成绩的练习（参见第182页获取答案）。

以下问题涉及目前为止介绍的大部分内容。回答每一个问题，然后将你的答案与相应答案页上提供的答案进行比较。

1. 在使用方法1时，某个学生表现出在特定学习目标上的形成性分数如下：2.0分、2.5分、3.0分、3.5分和2.5分。描述你将如何决定该名学生的总结性分数。一定要解释你的理由。

2. 解释为什么百分制可以用于方法3，但不能用于方法1或方法2。

3. 解释为什么自动使用一组形成性分数中的最后一个分数作为总结性分数并不可取，即使最后一个分数来自期末考试。

4. 解释为什么如果一个学生错过评价或没有完成任务，给他打0分是不合适的。

当前状态和知识增长

使用本书中描述的量表的主要优势之一是，教师和学生可以在任何时间点庆祝两种类型的成就——当前状态和知识增长。当前状态是指学生在特定时间间隔（通常是一个季度、三个月或一个学期）结束时的分数。因此，教师能认可所有在特定的学习目标上得分为4.0的学生，也能认可所有得分为3.5的学生，等等。此外，教师可以，也应该庆祝知识的增长。知识增长是学生的初始形成性分数与他或她在一个季度、三个月或一个学期结束时的总结性分数之差。例如，对于一个特定的学习目标，假设一个学生的初始形成性分数是1.5，在季度末，学生的总结性分数是2.5，那么该学生的“增益”分数是1.0。

技术的作用

到目前为止，我们还没有考虑技术在跟踪学生进步方面的作用。显然，当教师不必手工记录学生的成绩时，记录就容易多了。使用表5.5中的模板将学生的形成性分数输入到评分册中。

表5.5　评分册模板

学生姓名	评价1： 权力和责任	评价2： 权力和责任	评价3： 宪法
沃利	2.5	2.0	2.0
莫妮克	2.0	2.0	3.0
恩里克	2.5	3.0	3.0
杰克	2.0	2.5	1.5
奥利维亚	3.0	3.0	3.0

续表

学生姓名	评价1：权力和责任	评价2：权力和责任	评价3：宪法
雷蒙德	3.0	3.0	3.0
英迪拉	2.5	2.5	2.0
艾斯特	3.0	3.5	4.0
纳迪亚	1.5	2.0	2.5
朱恩	3.5	3.5	3.0

表5.5描述了学生的形成性分数，每列代表一个不同的评价。第一列表示权力和责任学习目标的评价，第二列是关于同一学习目标第二次评价的形成性分数。第三列是第三次评价的形成性分数，但这一列是关于宪法的学习目标。

当教师为学习目标设计评价时，他或她只需在下一个可用栏中输入学生的分数，并写清楚该栏代表哪个目标。然后，运用该技术可以跟踪与每一列相关联的学习目标、何时进行评价，以及每个学生在每个学习目标上的进步。举例来说，请看图5.4。

图5.4展示了可以在任何时间点为任何学生（或整个班级）生成的许多报告中的一种。在本例中，报告跟踪特定学生在特定学习目标上的进步。请注意，图5.4中显示了五个柱形。这些代表已经收集了该名学生的五个形成性分数。第一次形成性分数约为2.0，最后一次的形成性分数约为2.5。还要注意，该图包含一条趋势线。这条线描绘了学生五个形成性分数的数学统计趋势。这是很有说服力的信息，可以用来为学生评出总结性分数。

技术提供的工具使教师可以在整个评分期内，轻松输入不同学习目标的形成性分数，并对这些分数进行分析，生成个别学生、整个班级、学校

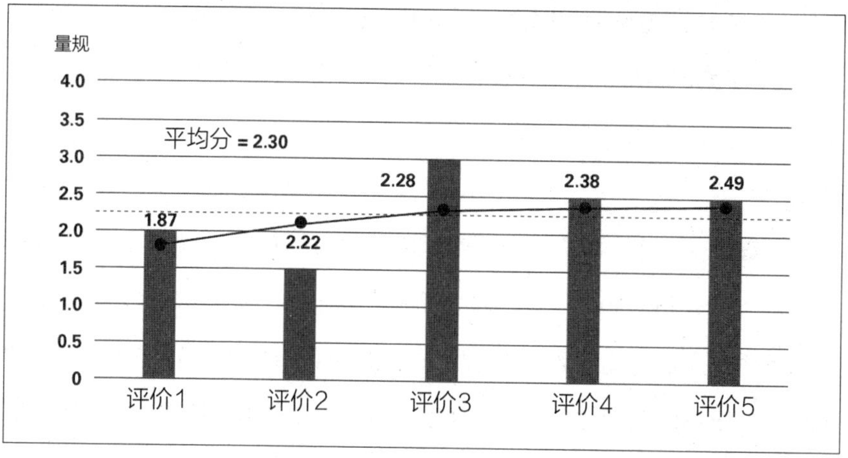

图5.4　针对个别学生的一个学习目标生成的柱状图报告

或学区的各种报告。实际上，在合适的技术的帮助下，任课教师可以相对容易地在形成性评价系统随时记录并保存学生的成绩。

练习5.2

复习题

练习5.2为本章提供了一些复习题（参见第184页获取答案）。

以下问题涉及本章的大部分重要内容。回答每一个问题，然后将你的答案与相应答案页上的答案进行比较。

1. 方法1的典型特征是什么？

2. 方法2的典型特征是什么？

3. 方法3的典型特征是什么？

4. 方法4的典型特征是什么?

5. 你更喜欢哪种方法，为什么?

小结

本章讨论了跟踪学生进步的四种不同方法。方法1、方法2和方法4针对的是个别学生的进步，方法3考查的是班级作为一个整体的进步。本章也讨论了每种方法的优缺点，并提供了记录保存成绩的示例。表5.6和表5.7提供了方法1和方法2评分表的无文字版本，方便教师直接使用。使用所有这四种方法，都可以记录学生的当前状态和知识增长。虽然可以使用书面方法来跟踪进步，但技术提供专业工具，帮助教师生成专门针对个别学生、整个班级甚至学校或学区的信息表。

表5.6　方法1评分表

学生姓名	主题											

表5.7 方法2评分表

学生姓名	主题											
	4.0 3.0 2.0 1.0	4.0 3.0 2.0 1.0	4.0 3.0 2.0 1.0	4.0 3.0 2.0 1.0	4.0 3.0 2.0 1.0	4.0 3.0 2.0 1.0	4.0 3.0 2.0 1.0	4.0 3.0 2.0 1.0	4.0 3.0 2.0 1.0	4.0 3.0 2.0 1.0	4.0 3.0 2.0 1.0	4.0 3.0 2.0 1.0
	4.0 3.0 2.0 1.0	4.0 3.0 2.0 1.0	4.0 3.0 2.0 1.0	4.0 3.0 2.0 1.0	4.0 3.0 2.0 1.0	4.0 3.0 2.0 1.0	4.0 3.0 2.0 1.0	4.0 3.0 2.0 1.0	4.0 3.0 2.0 1.0	4.0 3.0 2.0 1.0	4.0 3.0 2.0 1.0	4.0 3.0 2.0 1.0
	4.0 3.0 2.0 1.0	4.0 3.0 2.0 1.0	4.0 3.0 2.0 1.0	4.0 3.0 2.0 1.0	4.0 3.0 2.0 1.0	4.0 3.0 2.0 1.0	4.0 3.0 2.0 1.0	4.0 3.0 2.0 1.0	4.0 3.0 2.0 1.0	4.0 3.0 2.0 1.0	4.0 3.0 2.0 1.0	4.0 3.0 2.0 1.0
	4.0 3.0 2.0 1.0	4.0 3.0 2.0 1.0	4.0 3.0 2.0 1.0	4.0 3.0 2.0 1.0	4.0 3.0 2.0 1.0	4.0 3.0 2.0 1.0	4.0 3.0 2.0 1.0	4.0 3.0 2.0 1.0	4.0 3.0 2.0 1.0	4.0 3.0 2.0 1.0	4.0 3.0 2.0 1.0	4.0 3.0 2.0 1.0
	4.0 3.0 2.0 1.0	4.0 3.0 2.0 1.0	4.0 3.0 2.0 1.0	4.0 3.0 2.0 1.0	4.0 3.0 2.0 1.0	4.0 3.0 2.0 1.0	4.0 3.0 2.0 1.0	4.0 3.0 2.0 1.0	4.0 3.0 2.0 1.0	4.0 3.0 2.0 1.0	4.0 3.0 2.0 1.0	4.0 3.0 2.0 1.0
	4.0 3.0 2.0 1.0	4.0 3.0 2.0 1.0	4.0 3.0 2.0 1.0	4.0 3.0 2.0 1.0	4.0 3.0 2.0 1.0	4.0 3.0 2.0 1.0	4.0 3.0 2.0 1.0	4.0 3.0 2.0 1.0	4.0 3.0 2.0 1.0	4.0 3.0 2.0 1.0	4.0 3.0 2.0 1.0	4.0 3.0 2.0 1.0
	4.0 3.0 2.0 1.0	4.0 3.0 2.0 1.0	4.0 3.0 2.0 1.0	4.0 3.0 2.0 1.0	4.0 3.0 2.0 1.0	4.0 3.0 2.0 1.0	4.0 3.0 2.0 1.0	4.0 3.0 2.0 1.0	4.0 3.0 2.0 1.0	4.0 3.0 2.0 1.0	4.0 3.0 2.0 1.0	4.0 3.0 2.0 1.0
	4.0 3.0 2.0 1.0	4.0 3.0 2.0 1.0	4.0 3.0 2.0 1.0	4.0 3.0 2.0 1.0	4.0 3.0 2.0 1.0	4.0 3.0 2.0 1.0	4.0 3.0 2.0 1.0	4.0 3.0 2.0 1.0	4.0 3.0 2.0 1.0	4.0 3.0 2.0 1.0	4.0 3.0 2.0 1.0	4.0 3.0 2.0 1.0
	4.0 3.0 2.0 1.0	4.0 3.0 2.0 1.0	4.0 3.0 2.0 1.0	4.0 3.0 2.0 1.0	4.0 3.0 2.0 1.0	4.0 3.0 2.0 1.0	4.0 3.0 2.0 1.0	4.0 3.0 2.0 1.0	4.0 3.0 2.0 1.0	4.0 3.0 2.0 1.0	4.0 3.0 2.0 1.0	4.0 3.0 2.0 1.0
	4.0 3.0 2.0 1.0	4.0 3.0 2.0 1.0	4.0 3.0 2.0 1.0	4.0 3.0 2.0 1.0	4.0 3.0 2.0 1.0	4.0 3.0 2.0 1.0	4.0 3.0 2.0 1.0	4.0 3.0 2.0 1.0	4.0 3.0 2.0 1.0	4.0 3.0 2.0 1.0	4.0 3.0 2.0 1.0	4.0 3.0 2.0 1.0
	4.0 3.0 2.0 1.0	4.0 3.0 2.0 1.0	4.0 3.0 2.0 1.0	4.0 3.0 2.0 1.0	4.0 3.0 2.0 1.0	4.0 3.0 2.0 1.0	4.0 3.0 2.0 1.0	4.0 3.0 2.0 1.0	4.0 3.0 2.0 1.0	4.0 3.0 2.0 1.0	4.0 3.0 2.0 1.0	4.0 3.0 2.0 1.0
	4.0 3.0 2.0 1.0	4.0 3.0 2.0 1.0	4.0 3.0 2.0 1.0	4.0 3.0 2.0 1.0	4.0 3.0 2.0 1.0	4.0 3.0 2.0 1.0	4.0 3.0 2.0 1.0	4.0 3.0 2.0 1.0	4.0 3.0 2.0 1.0	4.0 3.0 2.0 1.0	4.0 3.0 2.0 1.0	4.0 3.0 2.0 1.0
	4.0 3.0 2.0 1.0	4.0 3.0 2.0 1.0	4.0 3.0 2.0 1.0	4.0 3.0 2.0 1.0	4.0 3.0 2.0 1.0	4.0 3.0 2.0 1.0	4.0 3.0 2.0 1.0	4.0 3.0 2.0 1.0	4.0 3.0 2.0 1.0	4.0 3.0 2.0 1.0	4.0 3.0 2.0 1.0	4.0 3.0 2.0 1.0
	4.0 3.0 2.0 1.0	4.0 3.0 2.0 1.0	4.0 3.0 2.0 1.0	4.0 3.0 2.0 1.0	4.0 3.0 2.0 1.0	4.0 3.0 2.0 1.0	4.0 3.0 2.0 1.0	4.0 3.0 2.0 1.0	4.0 3.0 2.0 1.0	4.0 3.0 2.0 1.0	4.0 3.0 2.0 1.0	4.0 3.0 2.0 1.0

Chapter 6

第6章　评分和成绩报告

使用本书中描述的形成性评价法的教师终究必须解决评分的问题。在本章的后半部分，我们将探讨学校或学区如何改变其成绩报告单来适应形成性评价系统。不过，我们首先探讨使用传统评分方法的学校或学区的教师如何改变其成绩报告单来适应形成性评价。这些教师每季度、每三个月或每学期都必须提交一个总评成绩。

总评成绩

使用第5章描述的四种方法中的任何一种，教师仍然可以将学生的成绩转换为传统的总评成绩（The Overall Grade）。不过，在讨论评分问题之前，有必要重新讨论一下平均分问题。在第2章中，我们有充分的理由说明，不应该用一个特定学习目标的形成性分数的平均分来生成一个总结性分数。因为计算特定学习目标的平均分，没有考虑到两次评价之间仍然有学习发生。然而，在汇总全部学习目标的成绩时，计算平均分是一个可行的选择。例如，假设某位学生在评分期的六个学习目标中获得了以下总结性分数：2.5、3.0、2.0、4.0、3.0和3.5。数学方式计算的平均分3.0是一个很好的总结性分数，代表了学生在**全部**六个不同的学习目标上有代表性的最终状态。

许多地区和学校采用传统的A、B、C、D和F字母等级计分制（letter grades）。要将六个学习目标的平均分转换为字母等级，需要一个简单的转换指南：

- A = 3.0至4.0
- B = 2.5至2.99
- C = 2.0至2.49
- D = 1.0至1.99
- F = 低于1.0

在这个系统中，平均分数3.0将被转换为字母等级A。前例中使用的是未加权平均值，这意味着所有学习目标的权重被视为是相等的——没有一个目标比其他任何目标更重要。另一种方法称为加权平均值法。在这种方法中，一些学习目标被赋予了更大的权重。

在考虑字母等级总评成绩（也可称为综合成绩）时，重要的是，将学生在各种主题中的状态进行总评。在任何情况下，都涉及一些主观的决定——指定一个等级从多少分开始，到多少分结束。在前例中，等级A是从学习目标的总结性分数的平均分3.0分开始的。等级B从2.5分到2.99分，等级C从2.0分到2.49分，以此类推。这个系统是合乎逻辑的，也就是说，等级A从3.0分开始，因为3.0分表明学生已经掌握了理想学习目标中的所有内容，没有重大错误或遗漏。直观来看，这很有道理——如果一个学生的平均分表明他或她知道理想学习目标的所有内容，他或她就应该得到A。等级B的范围是从2.5到2.99，直观来看，这也很有道理。平均分处于此范围内意味着，对于在特定评分期内要求达到的所有学习目标，学生掌握了所有的基本内容（2.0分内容），并且掌握了大部分为理想学习目标直接教授的3.0分内容。

一些学校和学区喜欢使用更精细的等级类别，如A+，A，A–等。这些等级的范围如表6.1所示。

表6.1　传统等级转换表

多个目标的量表分数平均分	传统等级
3.75—4.0	A+
3.26—3.74	A
3.0—3.25	A–
2.84—2.99	B+
2.67—2.83	B
2.5—2.66	B–
2.34—2.49	C+
2.17—2.33	C
2.0—2.16	C–
1.76—1.99	D+
1.26—1.75	D
1.0—1.25	D–
低于1.0	F

对于第5章中描述的前三种方法，将一个评分期的总结性分数转换成字母等级综合成绩效果相当好。第四种方法（持续改进法）提供了一个不同的视角。如第5章所述，在方法4中，学生可以不断提高他们在之前已经达到的学习目标的分数。在任何时间点，每个学生都会有一个到目前为止已

经完成的每个学习目标的暂定总结性分数。那么，总评成绩就包括到那个时间点为止所有的当前暂定总结性分数。举例来说，如表6.2，考虑如下场景，在第一季度完成了10个学习目标，某位学生获得了以下分数（这10个分数的未加权平均值是2.35，相当于C+）：

表6.2 学习目标及获得分数

第一季度完成十个学习目标	第二季度完成十个学习目标	第二季度刷新前十个目标
目标1：2.0	目标11：2.5	目标1：增加到3.0
目标2：2.5	目标12：2.0	目标2：增加到3.0
目标3：3.0	目标13：2.0	目标3：保持3.0
目标4：2.0	目标14：3.0	目标4：增加到3.0
目标5：3.0	目标15：2.5	目标5：增加到4.0
目标6：2.5	目标16：3.0	目标6：增加到3.0
目标7：1.5	目标17：2.0	目标7：增加到2.0
目标8：2.0	目标18：1.5	目标8：增加到3.0
目标9：2.0	目标19：3.0	目标9：增加到2.5
目标10：3.0	目标20：2.0	目标10：保持3.0

第二季度的字母等级综合成绩是基于所有20个学习目标的暂定总结性分数（第一季度的10个最新分数和第二季度的10个分数）。这20个目标的平均分是2.65，相当于B级。

这种模式将持续一整年，因此，学年结束时，该名学生获得的总结性分数将基于全年所有学习目标的当前总结性分数。

掇合法（conjunctive approach）

到目前为止所讨论的方法，取决于不同学习目标的某种类型的平均分（加权或未加权）。一般来说，基于平均分的方法被称为“补偿法”（compensatory approaches），因为一个学习目标的高分可以补偿另一个学习目标的低分。例如，如果学生在某个学习目标上得了1.0分，可以用另一个目标上的4.0分来补偿。两个分数的平均值是2.5。

在掇合法（conjunctive approach）中，为每个学习目标的某个等级设定最低分数。如表6.3，举例来说，假设教师需要在某一年的第一季度讲授九个学习目标。教师为这九个目标分别设计了一个如第3章所述的量表。但是，对于目标1、目标2和目标5，教师在他或她的课程中没有教超过2.0分的内容。此外，对于目标8和目标9，教师仅在评分期即将结束时，才开始讲3.0分的内容。考虑到有三个学习目标全班都没有得到超过2.0分内容的教导，还有另外两个目标教师只提供了3.0分内容的部分指导，教师可能为A和B等级建立以下标准：

表6.3　具体目标与标准设定

具体目标	A等级	B等级
目标1	2.0或以上	1.5或以上
目标2	2.0或以上	1.5或以上
目标3	3.0或以上	2.5或以上
目标4	3.0或以上	2.5或以上
目标5	2.0或以上	1.5或以上
目标6	3.0或以上	2.5或以上

续表

具体目标	A等级	B等级
目标7	3.0或以上	2.5或以上
目标8	2.5或以上	2.0或以上
目标9	2.5或以上	2.0或以上

请注意，在这个方案中，学生如果在目标1、目标2和目标5上得了2.0分，在目标8和目标9上得了2.5分，他还是可以获得A级。

类似的最低分数也会为C、D和F等级划定。如该例所示，当教师在评分期内没有讲完一个或多个学习目标量表上的所有级别时，掇合法非常有用。

转换为优秀、良好、合格和不合格

一个非常受欢迎的字母等级综合成绩的替代方法是使用描述指标（descriptors）——优秀、良好、合格和不合格。如第1章所述，这种方法在1990年开始流行，当时美国国家教育进步评价（National Assessment of Educational Progress）开始使用非常相似的等级类别。转换成这种量表相当容易，请以表6.4为例。

表6.4　描述指标转换表

<table>
<tr><td rowspan="2">优秀</td><td>4.0分</td><td>更复杂的内容</td></tr>
<tr><td>3.5分</td><td>除了3.0分表现外，4.0分内容部分成功</td></tr>
<tr><td rowspan="2">良好</td><td>3.0分</td><td>理想学习目标</td></tr>
<tr><td>2.5分</td><td>2.0分内容无重大错误或遗漏，3.0分内容部分成功</td></tr>
</table>

续表

合格	2.0分	更简单的内容
	1.5分	2.0分内容部分成功，但3.0分内容有重大错误或遗漏
不合格	1.0分	在帮助下，2.0分内容和3.0分内容部分成功
	0.5分	在帮助下，2.0分内容部分成功，但3.0分内容没有成功
	0分	即使有帮助，也没有成功

表6.4的逻辑相当清楚。正如《有效的课堂评价和评分》一书中所解释的那样，优秀的表现意味着学生的表现超出了课堂上讲授的内容，该指标由4.0分和3.5分表示。良好的表现意味着学生在简单和复杂的概念和过程方面没有表现出错误，或者学生在更简单的细节和过程上没有表现出错误，在更复杂的概念和过程上表现出部分知识，该指标由3.0分和2.5分表示，依此类推。

尽管表6.4的逻辑很简单，但要记住，每个表现等级的“分数线”不是绝对的。该量表可以根据学习目标不同而变化，取决于课堂上的讲授程度。例如，如果到评分期结束时，教师还没有讲授3.0分内容，则“良好”和“优秀”的分数线可能会改变。

百分制法

最后，一些学区和学校要求在每个评分期结束时给出百分制总评分数。为了得出百分制分数，可以使用表6.5中的转换表或该表的修订版。

表6.5 百分制转换表

量表分数	百分制分数
4.0	100
3.5	95
3.0	90
2.5	80
2.0	70
1.5	65
1.0	60
低于 1.0	50

教师首先将量表上的分数转换为百分制分数，然后计算这些百分制分数的平均分。为了说明这一点，如表**6.6**，请再次参看前面六个学习目标的量表分数示例：

表6.6 学习目标和量表分数

目标量表分数	百分制分数
目标1：2.5	80
目标2：3.0	90
目标3：2.0	70
目标4：4.0	100
目标5 ：3.0	90
目标6 ：3.5	95
平均分= 87.5	

在这里，学习目标1的2.5分转换为80分，学习目标2的3.0分转换为90分，以此类推。这些百分制分数的平均分为87.5分。

练习6.1

分数转换

练习6.1提供了一些分数转换的练习（参见第186页获取答案）。

以下这些题目涉及目前为止所探讨的大部分重要内容。回答每个问题，然后将你的答案与相应答案页上提供的答案进行比较。

1. 解释为什么计算不同学习目标的总结性分数的平均分是合理的，但是计算某个学习目标的形成性分数的平均分是不合理的。

2. 假设在一个评分期内，一名学生在七个学习目标上取得了以下总结性分数：

目标1：2.5

目标2：2.5

目标3：3.0

目标4：3.0

目标5：2.5

目标6：2.0

目标7：2.5

A. 使用表6.1中的转换表，计算学生的字母等级。

平均分：____________________

平均等级：__________________

B. 使用表6.4中的转换表，将学生的分数转换为以下等级类别之一：优秀、良好、合格或不合格。

C. 使用表6.5中的转换表，将学生的分数转换为百分制平均分。

3. 对于问题2中使用的七个总结性分数，假设在评分期内，教师只讲授了目标6和目标7的2.0分内容，而且刚刚开始讲授目标4和目标5的3.0分内容。将上述因素考虑进来，设计一个掇合法，并使用以下矩阵计算字母等级：

具体目标	A等级的最低分数	B等级的最低分数	C等级的最低分数	D等级的最低分数	F等级的分数
目标1：					
目标2：					
目标3：					
目标4：					
目标5：					
目标6：					
目标7：					

改变学校和学区的成绩报告单

到目前为止，讨论是面向个别任课教师——那些希望为学生提供特定学习目标的形成性反馈的教师，即使他们在一所要求给学生评出某种形式的综合成绩传统学校工作。本节简要描述学校和整个学区将作出何种改变，来反映学生在特定学习目标上的进步和状态。当然，最理想的情况是整个学校系统使用形成性成绩报告方法。在这里，我们介绍学校和学区成绩报告单采用的两种基本方法：标准参照法和基于标准的方法。

第1章介绍了标准参照系统和基于标准的系统之间的区别。在标准参照系统中，学生的成绩是根据他或她在特定学习目标量表上的位置来报告（或评定）的。然而，即使学生没有达到目标量表上的一个特定分数，当他或她升到新的年级时，他或她仍然会在下一年继续学习新的学习目标。在基于标准的系统中，学生只有在掌握了当前水平的内容后，才能继续学习新一级水平的内容。我们首先讨论标准参照法。

标准参照法

如果要设计一个标准参照系统，学区首先必须用新格式来重组或重构州标准，如本书第2章到第5章所述，该格式使用形成性分数和总结性分数来跟踪学生的进步。在此过程中，先要将每个年级的标准改写成一系列学习目标。每个目标都附有一个量表，该量表是使用第3章到第5章中的指南制定的。实际上，由学校或学区为每个年级的所有教师制定量表。

然后，把这些学习目标整理成我们所称的测评主题（measurement topics）或报告主题。例如，如《学习目标和目的设计与教学》中所述，在某个年级的科学课中可能会确定31个学习目标。将这31个目标整理成11个测评主题，可能再将这些测评主题分成四个部分。举例来说，一个名为“大气过程和水循环”的主题，可能包含以下两个学习目标：

- **目标1：**学生将举例说明气候模式如何受到水循环及其过程的影响。
- **目标2：**学生将模拟地球大气各层（对流层、平流层、中间层和热层）如何受到温度和压力的影响。

此外，该测评主题可能与其他两个测评主题（地球的组成和结构以及宇宙的组成和结构）一起包含在地球和空间科学这一部分中。

表6.7描述了学区可能使用州标准设计的、K–8的数学课的一个测评主

题。请注意，共有12个测评主题，这些主题被分成六大部分。

表6.7　数学测评主题

数学	
数字和运算	**几何学**
1. 数字意义和数制	7. 线、角和几何体
2. 运算和估算	8. 变换、全等和相似
计算	**测量**
3. 加法和减法	9. 测量系统
4. 乘法和除法	10. 周长、面积和体积
代数和函数	**数据分析和概率**
5. 模式、关系和函数	11. 数据的组织与解释
6. 代数表征和数学模型	12. 概率

在高中阶段，要为具体课程设计附有学习目标和量表的测评主题。例如，表6.8是代数I、几何和代数II三门课程的测评主题示例：

表6.8　代数I、几何和代数II的测评主题

代数I	几何	代数II
代数表达式	运用演绎推理和证明的概念	根式和指数运算
多项式运算	应用点、线段、角、直线的属性及其关系	函数运算
解一元方程和不等式	全等多边形和相似多边形	方程和矩阵系统
根式和因式分解	三角形计算：勾股定理和直角三角形	解方程
解二次方程	多边形和圆形测量	复数运算
解线性方程组	周长、面积、表面积和体积	用等式/数据分析建模
有理式	几何变换	二次曲线
比率、比例和百分比	概率	函数的图象和变换

续表

代数I	几何	代数II
用图象解线性方程和不等式		对数和指数方程
涉及代数方程的应用题		

每位教师使用学区设计的量表，用第5章中描述的方法之一，在每个评分期结束时为每位学生提供学习目标的总结性分数。然后对这些总结性分数进行总评，以获得测评主题的分数。例如，假设某个学生在某个测评主题的两个学习目标上分别获得了2.0分和3.0分。整个测评主题的总结性分数为两个学习目标的平均值，即2.5分。当然，有多种方法可以对学习目标的总结性分数进行总评，以获得测评主题的总结性分数。未加权平均值是其中的方法之一。正如我们所见，也可以使用加权平均法和掇合法（以及其他方法）。

为了便于与家长沟通，一些学校和学区喜欢使用与学生个人学习目标相同的量表来计算包含多个学习目标的测评主题的分数。例如，如果学习目标采用含有半分的0—4分制量表，那么测评主题也采用相同的量表。这就需要决定如何在一个测评主题中总评学习目标的总结性分数。例如，假设某个测评主题涉及三个学习目标，在评分期结束时，某位学生在这三个学习目标上获得了3.0分、3.0分和2.0分的总结性分数。这三个总结性分数的未加权数字平均值是2.67分，但是学校或学区已经明确规定，在成绩报告单上使用只包含整数分和半分的量表来报告每个测评主题的分数。因此，必须将2.67分转换为满分或半分。简单地将2.67分四舍五入到3.0分就可以解决这个问题。当然，如果学区或学校不将学习目标纳入测评主题，而是报告每个学习目标的总结性分数，那么这个问题就可以避免。这样一来，成绩报告单就得包含每个学科领域中相当多的学习目标了。图6.1描述了一个成绩报告单，该报告单包括测评主题和这些测评主题的满分和半分的量表。

图6.1中的成绩报告单示例是针对四年级的，但是在K-12推广该报告单并不难。高中阶段的主要区别在于，成绩报告单是针对课程而不是学科领域。

为了便于讨论，我们假设使用此成绩报告单的学校在四年级是按学科领域划分的——每个学科领域由不同的教师负责，而不是像包班制的班级（a self-contained classroom）那样由一名教师负责所有学科领域。

测评主题的总结性分数在每个主题领域内以柱状图的形式报告。图6.1中的学生在语言艺术学科中的单词识别和词汇的测评主题中，总结性分数是2.5分；在数学学科中关于估算主题的总结性分数是3.0分；等等。请注意，每个柱形的左侧部分比右侧部分暗。较暗的部分代表学生在评分期开始时的状态，较浅的部分代表学生在评分期内的知识收获。

姓名：	约翰·马克					
地址：	某街123号					
城市：	某市，科罗拉多州 80000					
年级：	4					
早晨课前点名教室（Homeroom）[①]（年级主任）：	史密斯女士					
语言艺术	2.46	C		参与度	3.40	A
数学	2.50	B		任务完成	2.90	B
科学	2.20	C		行为	3.40	A

① 早晨课前点名教室（Homeroom）：学生点名或听取通知时使用的大教室或年级教室。

续表

社会学	3.10	A	小组活动	2.70	B
艺术	3.00	A			

		0.5	1.0	1.5	2.0	2.5	3.0	3.5	4.0
语言艺术									
阅读									
单词识别和词汇	2.5								
获取主题思想的阅读	1.5								
文学分析	2.0								
写作									
语言规约	3.5								
组织和重点	2.5								
研究和技术	1.0								
评价和修改	2.5								
写作应用	3.0								
听和说									
理解	3.0								
组织和表达	3.0								
口头媒介的分析与评价	2.5								
口语应用	2.5								
生活技能									
参与度	4.0								
任务完成	3.5								
行为	3.5								
小组活动	3.0								
语言艺术平均分	2.46								
数学									
数制	3.5								
估算	3.0								
加法/减法	2.5								

续表

乘法/除法	2.5
比率/比例/百分比	1.0
生活技能	
参与度	4.0
任务完成	2.0
行为	3.5
小组活动	2.0
数学平均分	2.50
科学	
物质和能量	2.0
自然的力量	2.5
生命的多样性	1.5
人类身份	3.5
生命的相互依存	1.5
生活技能	
参与度	3.0
任务完成	1.5
行为	2.5
小组活动	1.0
科学平均分：	2.20
社会学	
文化的影响	3.5
时事	3.0
个人责任	4.0
政府代表制	3.5
人权和公民权利	1.5
生活技能	
参与度	3.5

续表

任务完成	3.5
行为	3.5
小组活动	4.0
社会学平均分	3.10
艺术	
艺术的目的	3.5
艺术技巧	3.0
艺术与文化	2.5
生活技能	
参与度	2.5
任务完成	4.0
行为	4.0
小组活动	3.5
艺术平均分	3.0

图6.1 描述标准参照法的成绩报告单样本

请注意，图6.1中的成绩报告单包含“生活技能”这一测评主题。具体来说，每个学科领域报告以下几个方面的生活技能分数：参与度、任务完成、行为和小组活动。虽然我们还没有为这些类型的技能制定量表，但是使用第3章中介绍的通用量表可以很容易地制定出这些技能的量表。例如，请参考表6.9。

表6.9展示了六年级至八年级生活技能中的“任务完成”这一项，哪些具体行为可以获得2.0分、3.0分和4.0分。

图6.1中成绩报告单的顶部是传统的字母等级综合成绩，这些是使用本章第一部分描述的方案生成的。总结性分数（和知识增长）柱状图报告了每个学生在每个学科领域的生活技能掌握情况。然而，每个学科领域的

综合成绩不包括这些生活技能分数。具体来说，图6.1显示，在语言艺术方面，学生在参与度、任务完成、行为和小组活动的生活技能方面分别获得了4.0分、3.5分、3.5分和3.0分的总结性分数。在计算语言艺术的平均分2.46分时，这些生活技能分数没有包括在内（语言艺术的平均分2.46分在语言艺术的字母等级旁边）。语言艺术的平均分只基于语言艺术内容的测评主题。为了计算在成绩报告单右上角列出的生活技能等级，将各个学科领域的生活技能分数加以平均。成绩报告单右上角列出的生活技能分数，是各学科领域生活技能分数的平均值。例如，学生在生活技能参与度方面的平均分为3.40分（见图6.1的右上部分），这个分数是通过把学生在各个学科领域的参与度分数加以平均计算出来的。

类似图6.1中的成绩报告单可以附有一份传统的成绩单，上面列出所学的课程、获得的学分（如果是高中）以及总平均积分点（GPA）。如前所述，该成绩报告单（及其变体）被称为"标准参照"。在标准参照系统中，学生不必证明对每个测评主题的能力就可以升入下一个等级。要求学生证明所有内容的能力属于基于标准的系统。

表6.9　任务完成的量表

任务完成	
初中（六年级至八年级）	
4.0分	学生在更复杂的细节和行为方面取得了成功，例如： ● 为任务制订和实施复杂的时间管理计划［例如，创建一个项目管理工具来跟踪长期任务（如研究论文）的进展］ 4.0分内容无重大错误或遗漏
3.5分	除了3.0分表现外，4.0分内容部分掌握

续表

3.0分	关于完成任务情况，学生满足所有期望，例如： ● 提交符合教师指定格式要求的作业（例如，适当的标题、页边距和引注格式） ● 为作业制订和实施基本的时间管理计划（例如，创建一个家庭作业管理工具来跟踪各种作业的截止日期） ● 按时完成作业，并在作业没有按时提交时，作出合理的解释（例如，若该解释符合课堂规定的关于迟交作业的政策，则视为合理的解释） 3.0分内容无重大错误或遗漏
2.5分	2.0分内容无重大错误或遗漏，3.0分内容部分掌握
2.0分	学生在更简单的细节和行为方面取得了成功，例如： ● 认得或记得特定作业格式要求的准确陈述 ● 认得或记得关于基本时间管理计划要素的准确陈述（例如，清楚一种基本的家庭作业管理工具，认识到每项作业都应该包括诸如到期日、描述和具体任务等内容） ● 认识到或记得任务的截止日期（例如，使用简单的图表来记录每项任务的截止日期） 2.0分内容无重大错误或遗漏
1.5分	2.0分内容部分掌握，但3.0分内容有重大错误或遗漏
1.0分	在帮助下，2.0分内容和3.0分内容部分掌握
0.5分	在帮助下，2.0分内容部分掌握，但3.0分内容没有掌握
0分	即使有帮助，也没有成功

练习6.2

标准参照成绩报告

练习6.2提供了一些标准参照成绩报告的练习（参见第188页获取答案）。

以下问题涉及目前为止所探讨的大部分重要内容。使用图6.1回答每个问题，然后将你的答案与相应答案页上提供的答案进行比较。

1. 展示学生如何在小组活动中获得2.70的平均分。

2. 展示学生如何获得社会学3.10的平均分。

3. 确定学生在评分期内收获最大的一个或多个主题。

4. 确定学生在评分期内收获最少的一个或多个主题。

基于标准的方法

在基于标准的系统中，学生不是按照年龄划分年级。相反，对于每一个学科领域，在知识或技能的连续统一体中，他们根据自己表现出来的能力上下移动。因此，在一个纯粹的基于标准的方法中，年级本身并不存在。每个学科领域都只有知识和技能的“水平”。表6.10描述了在纯粹的基于标准的系统中，一名学生在不同学科领域的状态。

表6.10　基于标准的报告单

水平	艺术	职业素养	数学	人际/社交技能	语言艺术	科学	社会学	计算机技术
（高级）3								
（高级）2								
（高级）1								
10								
09								
08								
07								
06								
05								
04		2/16	21/35		3/36	17/25		
03	9/10	3.0（良好）	3.0（良好）	4/6	4.0（优秀）	3.0（良好）	13/15	7/8

续表

水平	艺术	职业素养	数学	人际/社交技能	语言艺术	科学	社会学	计算机技术
02	3.0（良好）	3.0（良好）	4.0（优秀）	3.0（良好）	3.0（良好）	3.0（良好）	3.0（良好）	4.0（优秀）
01	3.0（良好）	3.0（良好）	4.0（优秀）	3.0（良好）	3.0（良好）	3.0（良好）	3.0（良好）	3.0（良好）

注：阴影单元格表示不适用于主题领域的级别。

请注意，在表6.10中，大多数主题领域包括一级到十级。十级代表掌握了普通高中学历所要求掌握的内容。然而，并不是所有的主题领域都有十个级别。艺术有六个级别，技术有七个级别，人际/社交技能有五个级别。这样规定是因为在基于标准的系统中，不是按照年龄来划分学习内容的级别，而是根据学习内容的性质来划分的。虽然从理论上讲，有些科目高中毕业所需的内容可以分为十个级别，但对于其他科目来说，可能会不到十个级别。这种规定与第1章中描述的当前制定学习进阶的趋势一致——按照信息和技能的自然进阶来组织学习内容，而不是基于年龄人为地划分水平（年级水平）。另外，请注意表6.10中的每个学科领域都有一个或多个学生可能达到的高级水平。这些级别是为那些希望在高中毕业后继续学习的学生准备的。

在基于标准的系统中，学生在每个学科领域接受适当等级的教学。这是通过让学生为每门课找不同的教师来完成的。例如，表6.10中的学生会找四级数学教师学数学，找三级教师学社会学，等等。当然，这产生了相当多的组织工作、日程安排和师资问题。另一个选择是让教师分层次教学。例如，某个数学教师可能会教一级到三级。在他或她的数学课上，他或她将与这些水平里每一级的学生一起学习。另一个数学教师会教四级到六级的学生，依此类推。

在表6.10的成绩报告单中，需要注意的最后一个特征是如何报告学生的当前状态。请看该名学生在数学方面的状态。在数学主题中，他或她正在学习第四级。请注意，该级别记录的比率为21/35。这意味着该名学生在该水平的35个学习目标中，有21个学习目标表现出3.0分或更高的能力。他或她必须在另外14个学习目标上表现出3.0分或更高的能力，才能达到数学五级。在语言艺术方面，该名学生该级别记录的比率为3/36，这表明该学生必须在33个以上的学习目标中表现出3.0分或更高的能力，才能进入下一个级别的学习。

因为在基于标准的系统中不计算总评成绩，并且该系统强调学生需要在每个学习目标上证明达到良好的能力水平，才能进入下一个级别的学习，所以成绩报告通常侧重于学习目标，而不是测评主题。这就是为什么表6.10中记录的每一个比率都报告了能力水平达到3.0分或更高分的学习目标的数量，以及剩余的学习目标的数量。

对于一些学校和学区来说，取消传统的年级设置并不容易做到，也过于激进。换句话说，一些学校和学区希望采用基于标准的方法，但仍然保持传统的年级。幸运的是，有一种方法可以做到这一点。在保持传统年级的同时，实施基于标准的系统的最直接的方法是将年级水平视为能力水平。表6.11描述了K–8的成绩记录保存系统。

请注意，表6.11与表6.10基本相同，只是它列出了年级水平。每个年级代表一个由特定学习目标定义的知识或技能水平，并为其开发了特定的量表。

表6.11　K-8基于标准的成绩报告

年级	艺术	职业素养	数学	人际/社交技能	语言艺术	科学	社会研究	计算机技术
8								
7								
6								
5			4/32					
4		7/11	3.0（良好）		7/31	2/23		
3		3.0（良好）	4.0（优秀）	2/6	3.0（良好）	4.0（优秀）		
2	9/10	3.0（良好）	3.0（良好）	3.0（良好）	4.0（优秀）	3.0（良好）	2/15	7/8
1	3.0（良好）	3.0（良好）	4.0（优秀）	3.0（良好）	3.0（良好）	3.0（良好）	3.0（良好）	4.0（优秀）
K	3.0（良好）	3.0（良好）	4.0（优秀）	3.0（良好）	3.0（良好）	3.0（良好）	3.0（良好）	3.0（良好）

表6.12描述了高中阶段的成绩报告单。在这一级，从简单到复杂列出了每个学科领域的具体课程。比如数学，代数I解决的内容比代数II简单，等等。值得注意的是，在高中阶段，有些课程可能没有严格的等级结构。例如，在计算机技术上，桌面出版系统不一定要先于数码图像和动画。在任何课程中，一旦学生表现出掌握了课程中所有的学习目标（3.0分内容），他或她就获得该课程的学分。

表6.12 高中基于标准的成绩报告

学科领域	课程	分数
数学	微积分	
	几何	
	代数II	12/24
	代数I	3.0（良好）
科学	大学先修环境科学	
	物理	
	化学	6/22
	生物	3.0（良好）
社会学	经济学	
	世界史	11/21
	美国史	4.0（优秀）
	地理	3.0（良好）
语言艺术	莎士比亚	
	古代文学	13/22
	欧洲文学	3.0（良好）
	美国文学	3.0（良好）
艺术	管弦乐器	
	表演艺术	9/21
	绘画	3.0（良好）
计算机技术	数码图像和动画	
	桌面出版系统	
	计算机科学	4.0（优秀）

与不按照年级分级的基于标准的系统一样，当年级水平用作能力等级时，不给学生打总评的综合成绩。相反，表6.11和表6.12中描述的“成绩报告单”在任何时候都是当前的。同样，在学生学习的每个学科领域的每个

年级水平都会记录一个比率。该比率代表学生表现出3.0分或更高能力的学习目标的数量。

考察表6.10、表6.11和表6.12的模式，很明显，学生在任何级别、年级水平或课程的任何学习目标上需要得到的最低分数是3.0分。这是因为学生必须在每个学习目标上取得3.0分，才能进入下一个级别、年级水平或课程的学习。然而，在每个级别、年级或课程中，仍然可以区分学生的表现。参看表6.11，请注意，在一年级，学生在数学和计算机技术上取得了“优秀”的分数，在所有其他科目上都取得了“良好”的分数。回想一下，在每个年级水平，依据每个学习目标的0—4分量表，给学生评分。如果一个学生在某个年级的某个科目的所有（或大部分）学习目标上都取得了4.0分，他或她可以视为优秀而不是良好的状态。

与不按照年级水平实施的基于标准的学校教育方法一样，时间安排也是按照年级水平实施的基于标准的方法的一个问题。解决时间安排问题的一个方法是，将学校按年级水平分段。见表6.13。

表6.13　按年级水平分段

高中（九至十二年级）
补习
高阶
六至八年级
补习
高阶
三至五年级
补习

续表

高阶
K-2年级
补习

表6.13描述了按年级水平分成的四个阶段：K–2年级、三至五年级、六至八年级和九至十二年级。在一个年级段内，同时开设核心学科领域的课程。例如，在三至五年级段内，所有数学课程同时开设，所有科学课程同时开设，等等。此外，在一个年级段内，必须为在该区间之上和该区间之下水平的学生提供教导机会。例如，为三至五年级段的学生开设数学课时，也为高于五年级水平的学生提供教学。这体现在表6.13的三至五年级段中标为“高阶”的那一行。对这些学生，重点是让他们在六年级或六年级以上水平的数学内容上按照自己的意愿快速进步。同样，在开设数学课程时，也必须为低于三年级水平的学生提供教学。这体现在表6.13的三至五年级段中标为“补习”的那一行。对这些学生，重点是尽快让他们达到（至少）三年级的水平。

与不按年级水平实施的方法相比，按年级水平实施的基于标准的学校教育的一个优势是，它允许学生与他们的同龄群体——与他们同年级水平的伙伴待在一起。例如，在每个年级，学生仍然可以有针对该年级的辅导课（homeroom period）和活动。高中仍然保持高一、高二、高三、高四的班级。这种同年级群体活动的概念似乎在美国社会根深蒂固，不必为了实施基于标准的系统而放弃。然而，在任何时候，学生都在学习适合他们当前理解水平和能力的内容。

虽然学区必须制定许多细节来实施按年级水平实施的基于标准的系统

或不按年级水平实施的基于标准的系统，但潜在的好处是，学生能够以最适合他们自己学习的速度学习全部内容，因此学区的这种努力是值得的。

练习6.3

基于标准的成绩报告

练习6.3提供了一些基于标准的成绩报告的练习（参见第190页获取答案）。

以下问题涉及本章的大部分重要内容。回答每一个问题，然后将你的答案与相应答案页上提供的答案进行比较。

1. 在表6.6中，解释语言艺术四级的“3/36”是什么意思。

2. 在表6.6中，解释为什么艺术和计算机技术比其他学科领域的层次少。

3. 解释为什么使用基于标准的方法不能计算总评成绩。

4. 解释按年级水平实施的基于标准的方法与不按年级水平实施的基于标准的方法有何不同。

小结

本章讨论了教师如何使用前几章讨论的形成性方法来解决评分问题。量表分数可以转换为综合成绩、描述指标（优秀、良好、合格和不合格）和/或百分制分数。因此，在传统系统中工作的教师仍然可以在他们的评价中采取形成性的方法。本章还讨论了根据标准参照法和基于标准的方法进行评分和生成成绩报告单的问题。这种级别的改变要求整个系统投入标准参照或基于标准的形成性教育方法。

EPILOGUE

结语

本书探讨课堂评价和评分实践的彻底改变，这两个领域是美国K–12学校教育的核心。课堂评价必须以形成性的方式进行，才能成为提高学生成绩的工具。评分必须基于课堂评价的形成性方法，以便在评分期结束时反映学生的状况，而不是因为学生对具体主题的最初误解或“起步缓慢”而惩罚他们。然而，最终，整个K–12系统必须改变，允许学生按照自己的进度学习主题内容。

虽然本书是为在传统学校工作的任课教师所著，但它也可以用来激励学校和学区层面的彻底变革。具体来说，如果个别教师展示了本书所述技能的力量，其他教师将会效仿他们的行为。一旦有足够数量的教师彻底改变了他们的课堂，对整个学校或学区的管理者来说，进行类似的转变就是咫尺之遥了。

附录A
练习答案

APPENDIX A

练习2.1

介入性评价、非介入性评价和学生自主评价

1. 本季度艺术课上所涉及的内容蒙娜几乎得了A。她找到老师，交给老师一张素描，表明她已经掌握了本季度艺术课上展示的技巧。

蒙娜在这个场景中采用了学生自主评价。她设计了一个评价，来证明她对内容的掌握。

2. 教授了论点的概念，讨论了成功的论点的例子，并为学生提供了实践的机会之后，格雷斯先生给他的学生一个话题，并要求他们写出相应的论点。他使用量规对论点的有效性进行评分，并记录每个学生的分数。

在这个场景中，采用了介入性评价。格雷斯先生已经为他的学生提供了教学指导和实践，他现在直接进行一次评价，他将为每个学生记录一个分数。

3. 在教授了一个关于编辑和修改的单元后，明特恩女士要求她的学生拿出他们早些时候写的一篇文章的打印件。她把班级分成两人一组，让他们阅读同伴的文章，并在文章上标出编辑和修改建议。她收集修改的清样，并根据评分量规给每个学生编辑的有效性打分。

在这个场景中，采用了介入性评价。教师提供了一个结构化的编辑活动，明特恩女士会为要求学生做的任务评分并记录下来。

4. 戴维斯先生正在教学的单元主题是“明暗运用”。他带着他的班级到外面的花园，当学生们创作构图，专注于他们看到的明暗和颜色时，他四处走动，观察他们的进步。他未曾打断学生，在成绩单上记录下每个学生的成绩。

在这个场景中，采用了非介入性评价。戴维斯先生正在评价他的学生的工作，

并记录他们的分数，但以一种不中断他们学习的方式进行。有可能学生甚至不知道这个评价。

5. 刘易斯女士在教她的学生完成一个合作学习目标。在学生休息时，她注意到其中四个人一起完成了一个交互绳花式跳绳游戏。由于所有四个学生都必须合作才能达到他们的目标，刘易斯女士认为这些学生已经达到了她设计的合作技能评分标准中3.0分的要求。

在这个场景中，采用了非介入性评价。刘易斯女士正在观察她的学生，但他们不知道自己正在接受评价。她确定他们已经达到了3.0分，并记录了他们的分数。

练习2.2

教学反馈与形成性分数

1. 莱文女士正在教一个口语交际单元。在单元结束时，学生们将口头介绍他们选择的一本书，但莱文女士知道学生需要机会练习技能，如眼神交流、清晰发音、速度和音量控制。为了提供这些机会，莱文女士问学生比平时更多的直接问题，并要求回答问题的学生站起来向全班讲话，这样他或她在一群人面前讲话时会更舒服一些。莱文女士也提供了即时反馈，比如建议一个学生放慢讲话速度或提高讲话音量。

这个场景举例说明评价用于教学反馈。莱文女士没有为她的学生记录分数。她只是为他们提供练习公开演讲的机会，并提供反馈。

2. 讲授完循环系统的一个单元之后，威廉姆斯先生要求学生完成笔试。他给每个人打分并记录分数。

这个场景举例说明将评价用于生成形成性分数。笔试是正式的，成绩会被记录下来。

3. 鲍曼女士向她的学生介绍了在本学年第一季度所涉及的每个学习目标上他们当前的分数。她提醒坎迪斯，在涉及移民问题的一个学习目标上，依据4分制量规，她得了2.5分，坎迪斯希望在本季度结束前将分数提高到3.0分。她向鲍曼女士提出了一个想法，即制作一个家谱，记录母亲一方每个家庭成员的名字，他们来自哪个国家，以及他们移民到此的日期。坎迪斯相信这能证明她掌握了3.0分的内容。

这个场景举例说明将评价用于生成形成性分数。坎迪斯为了提高她的分数，设计了一个评价（制作家谱），她认为这个评价可以证明她应得更高的分数。成绩将被记录下来。

4. 麦基姆先生正在教二次方程单元。他在黑板上写下一个方程及其解题过程，并就解题过程正确与否要求全班投票。他选择一个学生解释为什么他或她认为解题过程是正确的，另一个学生解释为什么他或她认为解题过程是错误的。听完双方意见后，学生们再次投票。麦基姆先生在脑海中记下有多少学生表现出理解了这个问题。

这个场景举例说明使用评价进行教学反馈。麦基姆先生没有在这里记录分数，他只是给学生提供独立思考和从错误中吸取教训的机会。

5. 沃克女士正在教排球课。在向学生介绍个人技能后，她将他们分成小组。在其中一场比赛中，她注意到阿什利做了一个完美的上手发球。阿什利在这项技能上一直有困难，过去得分很低。看到阿什利发球后，沃克女士在脑海中将其记下，在成绩簿上给他打了更高的分数。

这个场景举例说明将评价用于生成形成性分数。阿什利不知道自己正在接受评价，沃克女士已经看到了她所期望的发球水平，并将记录阿什利的分数。

练习2.3

复习题

1. 课堂评价的三种类型是什么，每种评价的独特之处有哪些?

课堂评价的三种类型是介入性评价、非介入性评价和学生自主评价。介入性评价的特点是它的正式性。课堂活动暂停，学生参加考试。他们知道自己正在接受评价，通常评价是预先安排好的，学生会提前得到通知。相比之下，非介入性评价的特点是非正式性。学生通常不知道他们正在被评价。相反，教师只是观察学生的行动，并收集关于他们的能力的必要信息。学生自主评价的特点是它赋予学生掌控权。与教师进行正式或非正式的评价不同，学生自主地向教师提出具体想法，来说明他或她如何证明自己达到了学习目标。

2. 评价的三种使用方式是什么，每种方式的独有特征有哪些?

评价的三种使用方式是形成性分数、总结性分数和教学反馈。形成性分数是学生在特定时间点的理解水平或技能水平的大致印象，它们会被记录下来。形成性分数需要相互结合使用，这样教师就可以全面了解一个学生在一段时间内（如一个评分阶段）的成绩。相比之下，总结性分数并不反映一次评价中的一次表现。相反，它们代表了教师对学生在一段时间内表现的总体判断。所有的形成性分数都是总结性分数的准备。教学反馈是一种可能评分，也可能不评分，但不做记录的评价。它旨在为学生提供关于他们表现的即时信息。

3. 根据《形成性评价与基于标准的评分》一书的定义，形成性评价和形成性分数有什么区别?

形成性评价是一个过程，而形成性分数是指在形成性评价过程中使用的一次具体的评价。形成性分数为教师提供了构建总结性分数所必需的数据。

4. 描述评价如何向教师提供关于他们自己表现的信息。

评价可以让教师知道哪些信息需要复习或重教一遍。如果大多数学生在某项评价中表现不佳，教师就知道这些信息需要复习或重教。

练习3.1

设定更简单和更复杂的学习目标

1. 学生将会做两位数乘以两位数的乘法运算。

因为理想学习目标中的内容涉及对特定步骤的期望，所以更复杂的内容将是更难或更复杂的运算过程，而更简单的内容将是更简单的运算过程。例如，更复杂的内容可能是三位数乘以两位数或三位数，而更简单的内容可能是一位数乘以一位数或两位数。

2. 学生将能够在地图上标记世界各大洲。

这里的理想学习目标涉及特定水平的地理知识。更复杂的内容可能是更详细的地理知识，例如标注北美的所有国家和其他各大洲的较大国家。更简单的内容可能只需要基本的地理知识，例如在地图上只标注美洲，或识别世界各大洲的名称。

3. 学生将能够以正确的节奏和音调唱歌。

理想学习目标具体说明了唱歌的过程，并期望有正确的节奏和音高。更复杂的内容将包括歌唱的更多方面，例如歌唱时要注意节奏、音高、音调和音量。它可能还要求学生在各种情况下以正确的速度和音高唱歌，例如轮唱。最后，它可以要求学生以正确的节奏和音高演唱更难的歌曲，或者在他们跑调时能听出来，并加以纠正。

更简单的内容可以要求学生在有一组同学合唱时以正确的节奏和音高演唱，也可以要求学生演唱简单的歌曲，注意节奏和音高。

4. 学生将能够讨论记叙文的主要因果关系。

这一目标更复杂的内容可能涉及，要求学生比较两个或更多故事中的因果关系。它还可能要求学生想象，如果一个或多个事件没有发生或以不同的方式发生，故事中可能会发生什么。更简单的内容可能只是要求学生识别叙事故事中关于主要因果关系的准确陈述。它还可能要求学生认识一些词汇和短语。

5. 学生将能够讨论地球地表形态如何迅速变化和缓慢变化。

针对这一理想学习目标更复杂的内容可以要求学生跟踪自己附近地区的特定缓慢过程，或详细讨论某个自然灾害导致的变化。它还可以要求他们研究一个或多个地球地表形态变化过程，并绘制一幅地图，显示它们最有可能发生的地方。更简单的内容可能要求学生列出地球地表形态迅速变化和缓慢变化的过程，或者识别关于它们的准确陈述。

练习3.2

使用量表对评价进行评分

1. 斯旺森先生组织了一项活动，让他的体育课学生展示他们的平衡能力。活动的某些部分要求学生展示更简单的内容（2.0分内容），例如在稳固的基础上缓慢地进行平衡活动。活动的另一些部分要求学生演示目标行为，如在平衡木上行走（3.0分内容），活动还有一些部分要求学生演示高于和超出理想学习目标的行为，如在平衡时向同伴扔球或在自己开始跌倒时稳住身体（4.0分内容）。邦妮在更简单的平衡活动中表现出能力，并在目标平衡活动中取得了一些成功。

由于邦妮表现出对简单元素的掌握，她至少获得了2.0分。由于她没有完成为理想学习目标设计的所有元素，所以她还没有达到3.0分。因为她确实展示了一些元素，所以她的分数是2.5分。

2. 为了达到口语流利的学习目标，雅西女士在她的法语课上给学生布置了一个关于食物话题的简短口头报告。学生必须使用一些与主题相关的基本词汇（2.0分内容）。他们还必须用完整的句子来讨论法国的饮食习惯与美国的饮食习惯有什么不同（3.0分内容）。最后，雅西女士要求他们造几个句子，说明他们更喜欢哪种饮食文化（法国或美国）以及为什么（4.0分内容）。伊达能够说出所提供的相关词汇，并能用简单的句子清晰流利地讲述相关主题。虽然对这个话题她的观点并不是很有说服力，但她清楚地表达了每种文化的优点。

由于伊达能熟练掌握所要求的词汇，她的分数至少是2.0分。此外，她已经把3.0分内容要求的句子清楚地组合在一起。最后，她展示了4.0分所要求的流利程度。她的观点并不是很有说服力，但由于目标侧重于流畅性，这并不计入得分。

3. 盖奇先生布置了一篇语言艺术小论文，使他能够评价学生在议论文写作中进行研究的学习目标。在说明中，他提供了一个话题，并要求学生在两种可能的立场中择一。为了说服读者，他要求学生找到两个有效的研究来源（2.0分内容）。他还要求学生直接引用这些来源来支持他们选择的立场（3.0分内容）。最后，他要求学生反驳自己认为相关的任何可能的相反观点（4.0分内容）。卡罗琳的论文表明，她已经找到了两个有效来源，来支持自己所选的立场；然而，虽然论文提到了这两个来源，但没有直接引用其中任何一个，也没有反驳相反的观点。

卡罗琳显然没有表现出4.0分内容的能力，尽管她在论文中提到了研究来源，但3.0分要求直接引用，所以她甚至没有表现出3.0分要求的部分能力。然而，她确实找到了两个有效的研究来源，表明得分为2.0分。

4. 萨特罗姆女士注意到贾斯珀在一次数学考试中表现不佳。测试要求学生阅读一道应用题并列出数学方程（2.0分内容），解方程（3.0分内容），将最终答案与原应用题进行比较，看答案是否有意义（4.0分内容）。她把贾斯珀叫来单独会面，和他讨论了其中的一个问题。虽然他不能自己做出这道题，但他能列出一个数学方程，并在萨特罗姆女士的指导和提示下解出这道题。

由于贾斯珀无法证明自己掌握了任何内容，他的得分低于1.5分。然而，在帮助下，他能够展示2.0分内容和3.0分内容的能力。所以他的分数是1.0分。

5. 凯金斯先生组织了一个角色扮演活动，来评价他的社会学学生对美国总统的了解程度。他为角色扮演提供了指导，给学生三个总统供选择。选择一位总统后，学生必须创设一个场景，展示关于总统的个人事实和他在任的时间（2.0分内容）。学生还必须描述总统做出的最有影响力的选择之一（3.0分内容）。最后，场景必须描绘总统考虑做出一个不同于他所做的选择（4.0分内容）。萨利提供了她选择的总统的相关信息，但描述了这位总统做出了只有现任总统才会遇到的选择——

而不是她选择的总统必须做出的选择。她没有描述选定的这位总统本可能做出的任何其他选择。

萨利没有尝试4.0分的内容，也没有表现出对3.0分内容的掌握。因为她确实提供了关于她所选总统的正确事实，所以她的分数是2.0分。

练习3.3

复习题

1. 百分制有哪些缺点?

百分制的一个主要缺点是分配分数的主观性。一些教师更重视代表更简单内容的题目，而另一些教师则更重视涉及更复杂内容的题目（课堂上没有直接涉及的内容）。因此，每位教师对相同的评价可能会做出不同的评分。实际上，这就像每次测量都改变一英寸的长度。百分制的第二个缺点是部分正确的答案没有评价标准。一位教师可能会给部分正确的答案打满分，而另一位教师可能会给零分。

2. 描述编写量表的基本过程。

编写量表首先要确定一个具体的理想学习目标。理想学习目标是指整个班级理想状态下达到的知识或技能水平。为了完成量表，还需要定义一个比理想学习目标内容更复杂的目标和一个内容更简单的目标。理想学习目标代表3.0分内容。更复杂的内容代表4.0分内容，更简单的内容代表2.0分内容。量表分数1.0分和0分不代表新内容。

3. 为什么学生用自己的话重写量表很重要?

清楚定义学习目标和量表的一个主要优势是，学生将对他们应该知道或能够做的事情有一个明确的把握。当教师给学生机会用他们自己的话重写量表时，学生更有可能真正考虑并理解目标。并在他们感到有把握提升到更高的量表级别时，更容易地提出学生自主评价。

4. 描述教师如何利用已有的评价。

使用已有的评价只是将该评价中的题目与量表分数等同起来。更简单的题目等同于2.0分，针对理想学习目标的题目等同于3.0分。相当于4.0分的题目可能出现在该评价中，也可能不出现。如果没有出现，教师应该修改评价以适应自己的目的。

练习4.1

设计选择答案评价题

1. 一道可能的多项单选题如下：

人类属于以下哪一界？

A. 动物界

B. 植物界

C. 原生生物界

D. 真菌界

E. 原核生物界

2. 一道可能的匹配题如下：

将左侧编号的事件与右侧列出的事件发生日期匹配。

1. 希特勒自杀	A . 1945年4月12日
2. 广岛轰炸	B. 1945年8月9日
3. 长崎轰炸	C. 1945年4月30日
4. 杜鲁门成为美国总统	D. 1944年6月6日
5. 诺曼底登陆	E. 1945年8月6日
	F. 1946年10月8日

3. 一道可能的两项单选题如下：

下列哪一项是正确的二次方程公式？

A. $ax^2+bx+c=0$

B. $y=mx+b$

4. 一道可能的判断正误题如下：

下面的陈述如果正确写T，如果错误写F。

______即兴表演是提高舞台表现力的一种有效技巧。

5. 一道可能的多选题如下：

请在所有篮球比赛的犯规前打钩。

______个人犯规

______技术犯规

______越位

______断球

______扣篮

______撞人犯规

6. 一道可能的填空题如下：

人体需要____________________为短暂而有力的运动提供燃料，而身体使用______________、______________、______________来产生这种燃料。

练习4.2

设计论述题和演示任务

1. 数学学习目标：学生将能够在标准和非标准测量系统之间进行转换。

演示任务似乎是评价这一学习目标最直接的方式。例如，教师可能会在教室里放置三四个物体，并要求学生以标准单位测量每个物体。然后，他或她会要求学生坐下来，独立地将标准单位转换为非标准单位，并展示他们的换算过程。一个论述题任务可能是为学生提供一道应用题：该问题给出了标准单位的测量值，而答案要求以非标准单位为最终测量值。学生必须进行必要的转换，并解释他们的换算过程。

2. 科学学习目标：学生将能够讨论水循环及其各个阶段。

这个目标可以通过演示任务或论述题任务来评价。如果教师选择使用演示，他或她可能会要求学生创建一个水循环的实体模型，并解释其组成部分。他或她也可以要求学生通过演示沸水之类的东西来展示水循环的一部分。学生将解释演示中正在发生的事情以及接下来会发生什么。论述题任务可能要求学生画出水循环的图示，并以书面形式解释每个阶段以及这些阶段如何协同工作。教师还可以要求学生写一些现实生活中的例子来说明水循环的每个阶段。

3. 社会学学习目标：学生将能够描述南北战争中一场关键战役中的事件，并解释为什么北部联邦或南部联盟是胜利者。

一道论述题或一个演示任务适合该学习目标。演示任务可能包括要求学生创建一个战斗场景的实体模型，使用塑料游戏棋子来演示战斗事件，并解释北部联邦或南部联盟如何以及为什么赢得战斗。一道论述题任务可能要求学生按时间顺序写下战斗中的两三个重要事件，然后用这些描述来解释胜利。

练习4.3

复习题

1. 通常情况下，如何用选择题和简答题来设计一个针对2.0分、3.0分和4.0分内容的笔试?

由于选择题只要求学生识别出正确的信息，所以这些项目通常涉及2.0分内容。简答题可以用来要求学生展示理解力（通常为3.0分的内容）或某种形式的分析（通常为4.0分的内容）。在设计笔试题时，教师通常设计一个部分包括几道选择题，针对2.0分内容；另一个部分包括简答题，涉及3.0分内容；以及第三个部分，包括简答题，涉及4.0分内容。

2. 解释如果学生在针对2.0分、3.0分和4.0分内容的评价中表现出异常回答模式，你会怎么做。

教师在评价中看到异常的回答模式时，首先要做的第一件事是调查一道或多道题是否有缺陷。如果确实存在缺陷，他或她可以从评价中删除这道题或多道题。如果这道题或多道题没有缺陷，但比最初想象的要更难，教师可能会将该题或几道题重新归类为更高或更低的分值。

教师看到异常模式后会做的第二件事是考虑学生可能努力回答一些问题，而其他问题没有那么用心。教师将与学生进行一对一的谈话，并要求学生协调对评价中问题的回答。

教师可能会考虑的第三件事是，他或她对一道或多道题的评分可能在某种程度上存在缺陷。因此，教师会重新检查他或她对一道或多道题的评分。

3. 解释为什么一个精心构建的量表对于给演示和非介入性观察评分至关重要。

很简单，如果没有很好地构建量表，教师将不知道在演示或非介入性评价中要重点观察什么行为。换句话说，如果证明能力的行为没有在量表中具体说明，那么教师就别无选择，只能对哪些行为构成哪些分值做出主观判断。此外，如果没有很好地构建量表，学生将不会完全理解学习目标，也不会知道对他们的期望是什么。

练习5.1

用四种方法记录成绩

1. 当使用方法1时，某个学生表现出的特定学习目标的形成性分数的模式如下：2.0分、2.5分、3.0分、3.5分和2.5分。描述你将如何决定该生的总结性分数。一定要解释你的理由。

因为该分数模式没有显示出平稳上升的趋势，所以合理的做法是，教师可能会与学生单独坐下来，询问他或她关于形成性分数偏差的情况，以及他或她认为哪个分数是合适的。为了给建议的总结性分数提供依据，可能会请学生参与探查性讨论和/或学生提出自主评价的方法。

2. 解释为什么百分制可以用于方法3，但不能用于方法1或方法2。

在方法3中，评价只关注一个级别的学习内容，即2.0分、3.0分或4.0分内容。这样就不存在不同级别内容的题目采用不同权重的问题，至少该问题得到了部分缓解。只要教师设计的评价有一个明确的分数线，代表掌握了学习内容，百分制就可以应用。针对各分数级别的学习内容设计测试题，如果学生测试的分数高于分数线，教师就可以推断学生已经掌握了该级别的学习内容（2.0分、3.0分或4.0分内容）。

在方法1和方法2中，评价通常会涉及量表的所有级别。如第3章“百分制量表”一节所述，当一次评价的题目包括不同难度的量表内容时，百分制量表不能恰当地反映这些差异。

3. 解释即使最终分数来自期末考试，为什么自动使用一组形成性分数中的最后一个分数作为总结性分数并非一个好主意。

使用一组形成性分数中的最后一个分数作为总结性分数，忽略了任何单一评价中固有的不准确性。即使最后的一次分数来自期末考试，错误仍然存在。消除或减少错误的最好方法是，从尽可能多的评价中收集尽可能多的数据，以对学生的真实分数做出合理的判断。

4. 解释为什么如果学生错过评价或没有完成任务，输入0分是不合适的。

只有当学生即使在教师的帮助下，也不能证明掌握了学习目标的知识时，才能给他或她0分。在这种情况下，0分代表学生的真实状态。没参加评价或没有全部完成任务并不是知识或技能水平（或缺乏知识或技能）的证据，因此不应该得0分。

练习5.2

复习题

1. 方法1的典型特征是什么?

方法1有两个主要的典型特征：从一个单元的最开始就使用量表上的所有分值进行评价，并在评分期结束时计算总结性分数。

这种方法有两个明显优势：学生一开始就知道他们应该知道什么或应该做什么，而且很容易跟踪并庆祝知识的增长。这种方法的主要缺点是它是非传统的，因此学生和家长可能需要一段时间来适应。

2. 方法2的典型特征是什么?

方法2有两个主要的典型特征：每个学生每次考试的当前总结性分数都会被记录下来。虽然开始教学之前会进行一次涵盖量表所有分值的评价，但在此之后，教学是高度个性化的。

这种方法的优势在于它的个性化。学生按照自己的步调前进，并可以通过使用学生自主评价来控制自己的进度。这种方法的主要缺点是，由于关注学生个人，因此十分耗费人力。

3. 方法3的典型特征是什么?

方法3将班级作为一个整体来关注。这种方法不是在每次评价中涵盖量表的所有分值，而是分别评价量表的每个分数级别。也就是说，学生学习2.0分的内容，并首先对2.0分的内容进行评价，当教师合理地确定班级准备好继续前进时，再讲授和评价3.0分的内容，以此类推。

这种方法的优点在于它与传统方法相似。学生和家长熟悉并适应这种从一开始考试就能获得高分的方法。此外，这里可以使用百分制。这种方法的主要缺点是不能很好地解决学生的个人需求。

4. 方法4的典型特征是什么？

方法4的典型特征是学生能在一年中提高任何学习目标的分数。在这种方法中，学生可以跟踪他们在每次评价中的形成性分数，也可以跟踪他们包括所有学习目标的总结性分数。

这种方法的优点是极大地赋能学生。缺点是它本质上是非传统的，而且劳动强度大。

5. 问题5的答案是开放式的。

练习6.1

分数转换

1. 解释为什么计算不同学习目标的总结性分数的平均分是合理的，但是计算某个学习目标的形成性分数的平均分是不合理的。

计算一个学习目标内的形成性分数的平均分不合适，因为此时忽略了一个事实，即学生的分数会随着他或她对该目标了解得更多而增加。在一个学习目标内的平均分会惩罚学生在评分期之初的低分，而且它并不能代表他或她在评分期结束时的知识或技能水平。然而，我们可以计算所有学习目标的总结性分数的平均分，因为每个学习目标都有一个不同的侧重点。平均分是学生在一系列独立学习目标上的整体“趋势”（中心趋势）的可行指标。

2A. 使用表6.1中的转换量表，计算学生的字母等级成绩。

平均分：2.57

等级：B-

2B. 使用表6.2中的转换量表，将学生的分数转换为以下等级类别之一：优秀、良好、合格或不合格。

平均分2.57转换为“良好”等级。

2C. 使用表6.3中的转换量表，将学生的分数转换为平均百分制分数。

80（2.5）、80（2.5）、90（3.0）、90（3.0）、80（2.5）、70（2.0）、80（2.5）的平均分为81.4。

3. 对于问题2中使用的七个总结性分数，假设在评分期内，教师只讲授了目标6和目标7的2.0分内容，而且刚刚开始讲授目标4和目标5的3.0分内容。将上述

因素考虑进来，设计一个掇合法，并使用以下矩阵计算字母等级成绩：

	A等级的最低分数	B等级的最低分数	C等级的最低分数	D等级的最低分数	F等级的分数
目标1	3.0	2.5	2.0	1.0	0.5或更低
目标2	3.0	2.5	2.0	1.0	0.5或更低
目标3	3.0	2.5	2.0	1.0	0.5或更低
目标4	2.5	2.0	1.5	0.5	0.0
目标5	2.5	2.0	1.5	0.5	0.0
目标6	2.0	1.5	1.5	0.5	0.0
目标7	2.0	1.5	1.0	0.5	0.0

在这个案例中，教师在评分期针对目标6和目标7仅讲解了2.0分的内容。此外，在评分期内，教师刚刚开始讲授目标4和目标5的3.0分内容。因此，目标6和目标7的A级分数线从2.0开始，目标4和目标5的分数线从2.5开始是合理的，这反映在前面矩阵的第一列中。B、C、D和F级的分数线按比例调整。样本学生的得分分别为2.5、2.5、3.0、3.0、2.5、2.0和2.5。对于他或她的第一次得分2.5，学生没有达到A级分数线，但达到了B级分数线；对于第二个分数，他或她仍然是达到B级分数线，但未达到A级分数线。将学生获得的分数与矩阵中的分数线进行比较，该学生应该得到的成绩是B级。

掇合法的主要缺点是，一个低分就能极大地拉低学生的成绩。譬如，假设学生在学习目标1上的分数是2.0，而不是2.5，如矩阵所示，该低分会使学生的成绩降到C级。

练习6.2

标准参照成绩报告

1. 展示学生如何在小组活动中获得2.70的平均分。

小组活动的平均分2.70，该分来自以下成绩的平均值：

语言艺术小组活动成绩：3.0分

数学小组活动成绩：2.0分

科学小组活动成绩：1.0分

社会学小组活动成绩：4.0分

艺术小组活动成绩：3.5分

2. 展示学生如何获得社会学3.10的平均分。

社会学的3.10分来自该学科领域测评主题的平均分，如下所示：

文化的影响：3.5分

时事：3.0分

个人责任：4.0分

政府代表制：3.5分

人权和公民权利：1.5分

3. 确定学生在评分期内收获最大的一个或多个主题。

例如，学生在社会学中“生活技能”这项任务收获最大。他或她从1.0分上升到了3.5分——增加了2.5分。该名学生在以下方面表现出2.0分的进步：

- 语言艺术中的口头媒介的分析与评价
- 语言艺术中的任务完成

- 数学中的估算
- 数学中的乘法/除法
- 数学中的行为
- 科学中的人类身份
- 社会学中的个人责任
- 社会学中的政府代表制
- 社会学中的小组活动
- 艺术中的任务完成
- 艺术中的小组活动

4. 确定学生在评分期内收获最少的一个或多个主题。

语言艺术中的文学分析，数学中的比率/比例/百分比，科学中的物质和能量，以上方面都没有收获。

练习6.3

基于标准的成绩报告

1. 在表6.6中，解释语言艺术四级的“3/36”是什么意思。

比率标记“3/36”表示学生在语言艺术的36个学习目标中，有3个目标已经达到良好的能力水平（3.0分或更高）。

2. 在表6.6中，解释为什么艺术和计算机技术比其他学科领域的层次少。

表6.6描述了一个基于标准的系统，该系统使用的是级别而不是年级。因为学习内容的级别不是按照基于年龄的年级来划分的，而是根据学习内容的性质来划分的。学习内容的性质导致一些主题领域比其他领域有更多的级别。

3. 解释为什么使用基于标准的方法不能计算总评成绩。

基于标准的方法要么使用能力水平而不是年级水平，要么将年级水平视为能力水平。因此，学生只有在掌握了某一特定级别的所有学习目标后，才能继续进入下一个级别的学习。基于标准的系统中的成绩报告方式是不同的。教师和学生不是通过字母等级总评成绩来表示某一年级所学内容的平均成绩，而是看学生在特定学科领域的特定水平上掌握了多少学习目标。考虑到学生可能正在学习某一级别的数学，另一个级别的科学，以及另一个不同级别的语言艺术，所以没有合适的方法来报告各学科领域的成绩。更有用的信息是学生在特定科目的特定水平上已经掌握了多少学习目标。

4. 解释按年级水平实施的基于标准的方法与不按年级水平实施的基于标准的方法有何不同。

在K-8年级，按年级水平实施的基于标准的方法与纯粹按能力水平实施的基于标准的方法看起来几乎相同。只有当学生证明掌握了当前级别的所有学习目标时，他们才能从一个级别（年级水平或纯粹的能力水平）升到下一个级别。然而，在高中阶段，按年级水平实施的基于标准的方法使用特定的科目而不是级别。对于按年级水平的方法，学生在继续学习更复杂或更困难的科目之前，必须证明掌握了内容更简单或更基本的科目的学习目标。拿数学来说，代数I的内容比代数II简单，等等。一旦学生证明掌握了某个科目的所有学习目标（3.0分内容），他或她将获得该门课程的学分，并继续学习另一个科目。

附录B 什么是效应值

APPENDIX B

教育研究的报告使用诸如元分析和效应值等术语。虽然毫无疑问这些术语对研究人员是有用的，但它们可能会让从业人员感到困惑甚至沮丧。那么元分析到底是什么意思？什么又是效应值呢？元分析是对相关研究结果的总结或综合。它考察针对特定主题所做的所有个别研究，并对其进行总结。这对教育工作者很有帮助，因为元分析比个别分析提供了更多、更强的支持（元分析实际上是对分析的分析）。

平均效应值告诉我们所有被调查的个别研究的结果。例如，假设元分析的目的是考察关于形成性评价对学生成绩的影响（即X对Y的影响）的多项研究。则平均效应值对所有纳入研究的结果提出报告，告诉我们形成性评价是否能提高学生的成绩，如果能的话，能提高多少。

元分析究竟如何工作，效应值又如何计算呢？实证研究对此的描述非常复杂，且经常使用惯用语。然而，通过以下步骤，我们努力揭开了元分析和效应值计算过程的神秘面纱。

1. **研究人员调查现有教育研究的广泛领域，搜索与他们的元分析相关的内容。**他们创建关键词列表来帮助确定搜索的广度和深度。已发表的文章、未发表的文章、学术论文、书籍章节以及在线和其他电子数据库均可纳入搜索范围。很简单，他们建立一个所有相关研究的数据库。

2. **在对相关研究进行初步考察之后，研究人员对每项研究的严谨性都有所了解。他们问自己哪些研究足够好，可以纳入，哪些研究应该排除，通过这样做来制定自己的纳入标准。**他们还密切关注研究之间的异同。明确有力的研究结论是基于具有共同目的和共同变量的研究。换句话说，研究人员希望元分析中包括最相近的研究。例如，如果一项研究用标准化考试分数来评价学生的成绩，另一项研究用学生自主报告的学习来评价学生的成绩，那么研究人员可能就不会将这两项研究纳入同一个元分析中。

3. 一旦研究人员确定了他们将用于元分析的研究，他们就会仔细审查每项研究的结果。具体来说，他们查看每项研究的效应值，以便用数学的方法计算出整个元分析的平均效应值。计算效应值的过程相当繁琐，但基本上是通过确定实验组（受益于特定教育实践的组）的平均值与对照组（未受益于特定教育实践的组）的平均值之间的差异，然后将该差异除以标准差来计算的。简单来说，标准差就是每个分数与平均值的平均距离。例如，如果一组分数的平均值为60，标准差为5，则每个分数距离60的平均距离为5。

为了说明效应值是如何计算的，我们假设一个理科班的学生是实验组，他们的班级接受了形成性评价，并参加了一项针对特定单元中所涉及的科学内容的测试。另一个班作为对照组，这些学生没有接受针对该单元的形成性评价，也参加了同样的测试。实验组在测试中的平均分数为85分，而对照组的平均分数为75分。两组测试的标准差均为20。则本项研究的效应值为0.50［（85－75）/20］。这意味着实验组的平均分数比对照组的平均分数高0.50个标准差。

效应值的一个优点是，研究人员用平均百分位增益很容易准确地解释它。百分位增益可以有效地将效应值转换成我们能够理解的语言。如何做到这一点需要稍微详细的解释。简而言之，效应值相当于正态分布上的一个点，一旦有了正态分布上的一个点，就可以确定在第50百分位的人的预期百分位增益（或损失）。表B.1列出了各种效应值的预期百分位增益。例如，如果形成性评价的效应值是0.50，教师就可以预测班里的学生将提高19个百分点。也就是说，在引入形成性评价后，成绩测试得分在第50百分位的学生预期得分在第69百分位。一般来说，效应值越高越好。

当一个教育实践的平均效应值是通过对大量研究进行元分析计算出来时，从业人员甚至可以更加肯定，平均效应值及其相关百分位增益是准确的。尽管诸如元分析、平均效应值和百分位增益等术语一开始可能令人望而生畏，但它们最终被用来整合最广泛、最有力的研究，并将研究成果转化为对一线教师或学校管理者有意义的语言。

表B.1　效应值与百分位增益的转换

效应值	百分位增益	效应值	百分位增益	效应值	百分位增益	效应值	百分位增益
0.01	0	0.13	5	0.25	10	0.37	14
0.02	1	0.14	6	0.26	10	0.38	15
0.03	1	0.15	6	0.27	11	0.39	15
0.04	2	0.16	6	0.28	11	0.4	16
0.05	2	0.17	7	0.29	11	0.41	16
0.06	2	0.18	7	0.3	12	0.42	16
0.07	3	0.19	8	0.31	12	0.43	17
0.08	3	0.2	8	0.32	13	0.44	17
0.09	4	0.21	8	0.33	13	0.45	17
0.1	4	0.22	9	0.34	13	0.46	18
0.11	4	0.23	9	0.35	14	0.47	18
0.12	5	0.24	9	0.36	14	0.48	18

续表

效应值	百分位增益	效应值	百分位增益	效应值	百分位增益	效应值	百分位增益
0.49	19	0.72	26	0.95	33	1.18	38
0.5	19	0.73	27	0.96	33	1.19	38
0.51	19	0.74	27	0.97	33	1.2	38
0.52	20	0.75	27	0.98	34	1.21	39
0.53	20	0.76	28	0.99	34	1.22	39
0.54	21	0.77	28	1	34	1.23	39
0.55	21	0.78	28	1.01	34	1.24	39
0.56	21	0.79	29	1.02	35	1.25	39
0.57	22	0.8	29	1.03	35	1.26	40
0.58	22	0.81	29	1.04	35	1.27	40
0.59	22	0.82	29	1.05	35	1.28	40
0.6	23	0.83	30	1.06	36	1.29	40
0.61	23	0.84	30	1.07	36	1.3	40
0.62	23	0.85	30	1.08	36	1.31	40
0.63	24	0.86	31	1.09	36	1.32	41
0.64	24	0.87	31	1.1	36	1.33	41
0.65	24	0.88	31	1.11	37	1.34	41
0.66	25	0.89	31	1.12	37	1.35	41
0.67	25	0.9	32	1.13	37	1.36	41
0.68	25	0.91	32	1.14	37	1.37	41
0.69	25	0.92	32	1.15	37	1.38	42
0.7	26	0.93	32	1.16	38	1.39	42
0.71	26	0.94	33	1.17	38	1.4	42

续表

效应值	百分位增益	效应值	百分位增益	效应值	百分位增益	效应值	百分位增益
1.41	42	1.56	44	1.71	46	1.86	47
1.42	42	1.57	44	1.72	46	1.87	47
1.43	42	1.58	44	1.73	46	1.88	47
1.44	43	1.59	44	1.74	46	1.89	47
1.45	43	1.6	45	1.75	46	1.90	47
1.46	43	1.61	45	1.76	46	1.91	47
1.47	43	1.62	45	1.77	46	1.92	47
1.48	43	1.63	45	1.78	46	1.93	47
1.49	43	1.64	45	1.79	46	1.94	47
1.5	43	1.65	45	1.8	46	1.95	47
1.51	43	1.66	45	1.81	46	1.96	48
1.52	44	1.67	45	1.82	47	1.97	48
1.53	44	1.68	45	1.83	47	1.98	48
1.54	44	1.69	45	1.84	47	1.99	48
1.55	44	1.7	46	1.85	47		

注：超过2.00的效应值对应49%的百分位增益。